Valérie Portheret

Valérie Portheret est une historienne française. *Vous n'aurez pas les enfants* a paru chez XO Éditions en 2020.

VOUS N'AUREZ PAS LES ENFANTS

VALÉRIE PORTHERET

VOUS N'AUREZ PAS LES ENFANTS

DOCUMENT

XO DOCUMENT

MIXTE
Papier issu de
sources responsables
FSC® C003309

L'éditeur de cet ouvrage s'engage dans une démarche
de certification FSC® qui contribue à la préservation
des forêts pour les générations futures.

Pour en savoir plus :
www.editis.com/engagement-rse/

ISBN : 978-2-266-31997-3
Dépôt légal : octobre 2021

Je dédie cet ouvrage, avec un amour immense, à Mathias
et à nos trois enfants, Mathis, Oscar et Zoé.

À ma chère maman, Maryse Gebouen.

Et à toutes celles et tous ceux qui,
en quête de transmission, continuent à œuvrer au travail
de mémoire, ainsi qu'à celles et ceux qui, dans l'ombre,
poursuivent héroïquement le combat pour défendre
et sauver les opprimés.

Préface de Serge Klarsfeld

Un livre exceptionnel qui rend compte d'un sauvetage exceptionnel : celui des cent huit enfants rassemblés avec leurs parents au camp de Vénissieux (Rhône) à l'issue de la grande rafle de dix mille Juifs étrangers de la zone libre, livrés par le gouvernement de Vichy aux Allemands en zone occupée et déportés à Auschwitz. Tous ces enfants furent sauvés par une chaîne de sauveteurs juifs et non juifs, qui s'organisèrent pour empêcher un crime contre l'humanité, et qui réussirent à mettre en échec l'inhumanité des hauts fonctionnaires et des policiers brutaux, dont la conscience professionnelle ne connaissait qu'une règle : l'obéissance aveugle aux ordres quels qu'ils fussent de leur hiérarchie.

Valérie Portheret a consacré vingt-cinq ans de sa vie à retracer chaque étape de ce sauvetage, à rechercher le destin de chacun de ces cent huit enfants, à expliquer le pourquoi et le comment de l'engagement de ce petit groupe de femmes et d'hommes qui, au péril de leur liberté et de leur vie, surent trouver parmi les braves gens de France des refuges chaleureux jusqu'à la fin de l'Occupation pour ces enfants traumatisés. J'ai mis en lumière, en 1983, dans *Vichy-Auschwitz*, les conséquences incalculables de ce sauvetage, allant bien au-delà de ces cent huit enfants et des centaines d'adultes soustraits à la déportation par le « criblage » où les représentants des valeureuses organisations d'entraide harcelèrent les autorités françaises. Le gouvernement de Vichy mit en demeure le cardinal Gerlier de livrer les enfants « exfiltrés » du camp de Vénissieux, afin qu'ils soient dirigés sur le camp de Drancy. Le refus du cardinal face au préfet a entraîné le freinage décisif de la coopération massive par Pierre Laval entre la police française et la Gestapo : vingt-deux mille Juifs arrêtés par les policiers et gendarmes de notre pays et déportés par les Allemands entre le 17 juillet et le 2 septembre 1942, en moins de sept semaines, soit trois mille Juifs par semaine ! Ce rythme aurait pu se poursuivre jusqu'à l'extermination de la population juive, laquelle était recensée ou repérée dans sa grande majorité. Ce qui a obligé le gouvernement de l'État français à freiner le paroxysme de sa politique de collaboration, qui est la collaboration policière contre les Juifs, ce fut l'engagement solidaire de l'élite spirituelle – les prélats de l'Église catholique et les dirigeants de l'Église réformée – et de l'ensemble de la population française formée par la charité chrétienne et par les valeurs républicaines. Cet engagement solidaire survint pendant cette grande rafle des Juifs étrangers du 26 août 1942 en zone libre, et le 2 septembre Pierre Laval en fit état aux chefs SS qui lui demandaient de remplir pour eux un train par jour de mille Juifs entre le 15 septembre et le 31 octobre 1942. En réponse, Pierre Laval fit référence à « l'opposition sans pareille de l'Église, le chef de cette opposition antigouvernementale étant en l'occurrence le cardinal Gerlier. Eu égard à cette opposition du clergé, le président Laval demande que, si possible, on ne lui signifie pas de nouvelles exigences sur la question juive. Il faudrait en particulier ne pas lui imposer *a priori* de nombre de Juifs à déporter. »

Le récit de Valérie Portheret permet de comprendre cette pression de l'opinion publique sur le gouvernement de Vichy à un moment crucial qui est encore celui des victoires allemandes avant El-Alamein, le débarquement allemand en Afrique du Nord, la victoire soviétique à Stalingrad. En Europe, les Français ont réagi les premiers pour défendre les Juifs, et en premier lieu les Juifs étrangers. Ils avaient compris avant les autres qu'à partir du moment où l'on arrêtait et déportait femmes, enfants et vieillards, ce n'était pas pour le travail mais pour la mort. Une solidarité agissante avec les Juifs persécutés a vu le jour après une apathie et une indifférence générales face aux mesures d'exclusion et de spoliation prises entre l'automne 1940 et l'été 1942.

Passionnante est l'enquête de Valérie Portheret sur les quatre-vingt-dix enfants qu'elle est parvenue à retrouver dans le monde entier, et qui lui ont confié leurs souvenirs bouleversants de la séparation d'avec leurs parents : ils sont à nouveau enfants quand ils parlent, et de nouveau tels qu'ils sont quand Valérie les découvre à l'âge où ils pourraient être les parents ou les grands-parents de leurs parents. Les anciens enfants sauvés révèlent aussi ce que furent les Français de toutes les couches sociales qui leur ouvrirent leurs foyers pour les abriter.

Ce sauvetage de Vénissieux représente ce que fut en général le sauvetage des enfants juifs dans une France où l'État ne protégeait pas les Juifs, mais les persécutait. Les enfants juifs étaient soixante-dix mille en 1940, onze mille d'entre eux furent déportés ; près de soixante mille survécurent grâce à la population française, aux braves gens à qui les parents et les organisations juives purent les confier.

C'est ce qui ressort du grand livre de Valérie Portheret, et que confirment les recherches et travaux d'historiens tels que Limore Yagil, Jacques Semelin, Lucien Lazare et Alexandre Doulut. Le sauvetage de Vénissieux entre dans l'histoire comme l'épisode le plus significatif d'un sauvetage massif des trois quarts des Juifs de France ; ce qui, en définitive, implique que l'ensemble de la population française mériterait le titre de Juste parmi les Nations.

Merci à Valérie Portheret pour cet ouvrage si révélateur pour le grand public, qui apprendra ainsi, par une lecture passionnante, que ses aïeux confrontés à un État persécuteur surent sauver l'honneur de la France et la très grande majorité des enfants juifs qui y vivaient ; ce qui était absolument exceptionnel dans l'Europe tombée dans le pouvoir du IIIe Reich.

Serge Klarsfeld, avec son épouse allemande, Beate, a consacré sa vie à la mémoire de la Shoah et au jugement des criminels nazis qui ont déporté les Juifs de

France. Auteur de nombreux ouvrages de référence sur le sort des Juifs pendant la Shoah. Président de l'association des Fils et filles des déportés juifs de France. Grand-croix de l'ordre du Mérite, grand officier de la Légion d'honneur.

Préface de Boris Cyrulnik

Ce livre soulève un mystérieux problème. Pendant quelques décennies (1930-1950), l'Europe a été submergée par deux mouvements opposés. L'un a érotisé la haine. Il était délicieux de s'indigner contre les Juifs, de les haïr, de les mépriser et de les persécuter au nom de la morale. Il fallait les faire disparaître de la planète afin de donner au peuple pur les mille ans de bonheur promis par le nazisme. La haine, cette passion, a galvanisé une partie de la population et permis de mettre en place un processus d'assassinat de six millions d'innocents, avec la conscience du devoir accompli.

Depuis quelques années, on s'intéresse à l'autre partie de cette population, celle qui ne s'est pas laissé embarquer dans le flot de la haine. En plein orage de récits exaltés et de décisions politiques invitant au meurtre, ces gens-là ont gardé la tête froide, ne se sont pas laissé influencer par la doxa, et ont même décidé de protéger les persécutés.

Comment expliquer ce mystère ? Car le même phénomène s'est produit en Arménie, au Rwanda et probablement au cours d'autres génocides inconnus.

Valérie Portheret est une historienne qui sait fouiller dans les archives et y trouver des cas poignants pour illustrer ce problème. Mais elle sait aussi rencontrer les gens, les survivants et les sauveteurs pour parler avec eux et recueillir des informations humaines. Il en ressort que les sauveteurs constituent un groupe très hétérogène. Elle trouve des gens simples qui font leur boulot d'êtres humains et n'ont pas besoin de grands principes pour aider d'autres humains en détresse. Elle trouve des prêtres qui s'engagent au nom de leur morale chrétienne parce qu'ils ne peuvent pas se soumettre à la morale perverse de ceux qui tuent des innocents pour épurer la société. Elle rencontre un grand nombre d'adultes qui étaient enfants quand ils ont été sauvés par des inconnus généreux, alors que d'autres inconnus avaient mis au point un système administratif organisé pour les mener à une mort technique, grâce à des papiers, des fonctionnaires, des camps et des gaz.

Méfions-nous des idées claires, elles sont toujours abusives. Pourrait-on en déduire que la France, pendant cette décennie tragique, était coupée en deux, les méchants antisémites et les gentils sauveteurs ? Parmi les sauveteurs, il y avait des antisémites et des institutions pétainistes qui ont hébergé et éduqué des enfants juifs. Mais ce ne fut pas le cas dans l'histoire exceptionnelle des enfants juifs du camp de Vénissieux, sauvés par des femmes et des hommes de cœur qui les ont tant aimés.

L'ambivalence est au cœur des relations humaines. Un être humain est capable de se soumettre à une représentation qui lui raconte que les Juifs complotent pour s'emparer du pouvoir, rendre malheureux les non-Juifs et, en même temps, éprouver un sentiment amical pour le Juif qui est là, présent, fait de la musique et lui propose un exposé philosophique passionnant.

Dans les régions huguenotes, le sauvetage a coulé de source puisque la persécution des Juifs rappelait celle des protestants. L'armée allemande ne contrôlait pas tous les villages où de nombreux Juifs ont bénéficié de décisions individuelles de paysans qui leur offraient le gîte et le couvert, parfois gratuitement.

La persécution visible, spectaculaire, horrible est apparue plus tard, à la Libération, quand les films des armées de libération ont montré les images de l'horreur des camps d'extermination.

C'est en Pologne qu'il y a le plus grand nombre de Justes (cinq mille six cents) qui pouvaient être abattus sans jugement quand on les surprenait à parler à un Juif. S'agit-il d'altruisme, d'engagement chrétien, de position communiste antinazie, ou simplement d'êtres humains qui ne supportent pas la détresse d'un autre ? En fait, un grand nombre de Juifs ont été sauvés par d'autres Juifs, comme à l'OSE, mais ça paraît tellement normal qu'on en a très peu parlé. Ce qui alimente un récit, c'est la surprise, ce n'est pas la banalité.

Or, ce qui frappe dans le travail de Valérie Portheret, c'est la banalité de l'arrestation des familles et des enfants. Pas de violence spectaculaire, pas d'attentats, pas de combats. La police du pays où les Juifs habitent vient les arrêter la nuit, au cours de rafles bien organisées. Ils partent en silence, avec les enfants et les valises, dans des autobus réquisitionnés par le gouvernement. L'arme de la persécution, c'est l'administration et le conformisme de la population. La mort tient à un papier, un signe de tête, une parole. C'est très différent du massacre d'Oradour où la violence insensée est follement spectaculaire. Quand on apprend que son voisin juif a été arrêté au petit matin, on ne sait pas qu'il va mourir, on ne sait pas qui en a donné l'ordre. Est-ce vraiment la conférence de Wannsee en janvier 1942, comme on le dit aujourd'hui ? En 1943, on ne le disait pas, ce n'était pas la peine, ça marchait tout seul. Sauf pour les Justes, qui ne marchaient pas. Ils n'avaient même pas à refuser, ils ne marchaient pas, c'est tout, et protégeaient l'enfant parce que c'était un enfant. Il y avait, pour eux, une énorme discordance entre les décisions gouvernementales et leurs émotions quotidiennes.

La majorité de la population désirait obéir pour se sentir tranquille, sans avoir la conscience d'un crime. Et une minorité n'obéissait pas au gouvernement, parfois pour s'y opposer, souvent pour se laisser aller à la morale religieuse ou à ses sentiments personnels.

Ces réactions individuelles intervenaient dans un contexte culturel où la contagion des émotions joue un grand rôle. La passion de la haine a embarqué les Allemands, les Polonais, les Roumains, les Hongrois. Presque toute la population juive a disparu en quelques mois. Alors que l'émotion humaine non passionnée, simplement empathique, a permis le sauvetage des trois quarts des Juifs en France, en Italie et au Danemark. Sans compter la Hollande où aucune passion n'a agressé les Juifs, où aucune compassion ne les a protégés, mais où une excellente organisation administrative en a tué près de 90 %.

Le livre de Valérie Portheret analyse ce processus en France. Honnête, bien documenté par une recherche d'archives et d'entretiens émouvants, l'auteure démontre comment un délire logique a pu embarquer une population réunie par une doxa, une récitation d'opinions jamais analysées. Et comment dans ce même torrent d'autres groupes humains ont navigué sans se laisser entraîner.

La banalité du bien, en quelque sorte.

Boris Cyrulnik est neuropsychiatre, directeur d'enseignement à l'université de Toulon. Depuis de nombreuses années, il dirige des recherches sur l'attachement et les systèmes familiaux. À travers ses ouvrages, il a contribué à mieux faire connaître le concept de résilience.

Été 1942. Dans la France dirigée par le régime de Vichy, qui coopère avec les nazis, le processus d'extermination des Juifs d'Europe se durcit. Le pays est alors coupé en deux : au nord, la zone occupée par les nazis, au sud, la zone dite « libre », placée sous l'autorité du gouvernement de l'État français du maréchal Pétain.

Le 11 juin 1942, à la suite d'une importante réunion des responsables SS des affaires juives tenue à Berlin, la déportation à Auschwitz des Juifs de France a été décidée. Le 2 juillet 1942, Vichy a accepté de livrer vingt-deux mille Juifs étrangers de la zone nord, et dix mille Juifs étrangers résidant dans la quarantaine de départements de la zone libre. Pour assurer le bon déroulement des opérations, Vichy offre la contribution de la police et de la gendarmerie françaises.

Le 4 juillet, Pierre Laval, le chef du gouvernement, pour qui les Juifs étrangers ne sont que des « déchets » dont la France a la possibilité de se débarrasser, propose aux nazis de livrer également leurs enfants, dont la grande majorité est née en France.

Pour atteindre le chiffre exigé de dix mille Juifs à déporter de la zone libre, René Bousquet, le chef de la police française, ordonne aux préfets régionaux d'appliquer ses directives. Le préfet régional de Lyon, Alexandre Angeli, est chargé de préparer la grande rafle secrète des Juifs étrangers dans sa Région.

Informés de cette nouvelle par des complicités au sein même de l'administration de Vichy, des femmes et des hommes laïcs ou religieux, de toutes confessions, réunis depuis longtemps dans des réseaux d'aide aux réfugiés, élaborent à Lyon un formidable stratagème pour sauver le plus de Juifs étrangers possible. Avec une priorité : les enfants.

C'est la bouleversante histoire de Rachel, Jean, Eva, Esther et les autres…

Rachel

26 août 1942, au petit matin.

Rachel Berkowicz, onze ans, est réveillée par des coups frappés à la porte du logement qu'elle partage avec sa belle-mère, Fani, dans le petit village d'Alba-la-Romaine, en Ardèche. Le garde champêtre est venu les chercher. Elles n'auraient jamais dû rentrer chez elles après être allées rendre visite à son père – interné non loin de là, à Aubenas, dans un Groupement de travailleurs étrangers (GTE), comme d'autres Juifs étrangers –, mais plutôt trouver une autre cachette, comme il le leur avait conseillé en insistant beaucoup.

Mais voilà, elles n'en ont pas eu le temps.

Et elles ont déjà tant de fois tout quitté…

Depuis l'invasion de la Belgique par les troupes allemandes le 10 mai 1940, Rachel est en fuite. Elle n'a que huit ans quand elle marche avec les siens sur les routes dans le chaos des milliers de réfugiés belges, luxembourgeois, hollandais, qui, après s'être dirigés vers Paris, ont repris le chemin de l'exode devant l'avancée des troupes nazies. Tous – civils et militaires, Français et réfugiés – progressent vers le sud, la plupart à pied, certains entassés avec leurs bagages sur des charrettes, les mieux lotis dans les véhicules.

Avant de se retrouver sur les routes de France, Zelman Berkowicz, le père de Rachel, avait déjà dû quitter la Pologne pour l'Allemagne, puis la Belgique. Natif du petit village de Beguilossin, en Pologne, fils d'une famille ouvrière composée de cinq garçons et une fille, Zelman a connu une vie rude mais studieuse : il était celui des six enfants que leur mère destinait aux études talmudiques. Marqué par les tragédies, il a perdu la foi : au cours de la Première Guerre mondiale, sa famille a été presque entièrement décimée. Orphelin à l'âge de seize ans, il a rejoint un de ses frères en Allemagne, mettant à profit l'enseignement reçu à la yeshiva pour étudier avec un grand sérieux.

Devant la montée du nazisme, Zelman est parti pour la Belgique, où il est devenu coiffeur et a rencontré Chaja, la future mère de Rachel. Originaire de Transylvanie, Chaja est venue, elle, y retrouver une de ses sœurs. Le couple bat de l'aile. Zelman et Chaja divorcent alors que Rachel est encore petite. L'enfant part vivre avec son père à Charleroi, ville où l'on compte beaucoup de réfugiés, mais peu de Juifs. C'est là que son père rencontre Fani, une couturière. Il décide de se remarier.

Les premières images de la guerre, pour Rachel, ce sont les bombardements du quartier où elle habite. Zelman propose ses services de coiffeur dans un hôpital militaire. C'est un homme qui sait trouver les mots pour apaiser les blessés. Il se lie d'amitié avec de nombreux soldats.

L'un d'entre eux, un officier, vient le trouver un jour, la mine inquiète :

— Toi et ta famille, vous êtes juifs ; alors, partez, partez, partez… avec tout ce que vous pouvez emporter. Les nazis avancent et ils vont prendre la ville !

L'officier sait ce qui arrive aux Juifs en Pologne, et il craint – à juste titre – qu'on leur réserve le même sort dans les pays envahis.

Une fois de plus, c'est la course pour la survie. Situation incongrue, Zelman part sur les routes avec sa fille, la mère de sa fille, et sa nouvelle femme. Un camion de l'armée belge les attend à la sortie de la ville pour les conduire jusqu'à la frontière : une traversée périlleuse, mouvementée, le début de l'exode pour la famille Berkowicz, mais aussi pour de nombreux autres Belges, juifs et non juifs.

Par bonheur, il reste encore un pont qui tient debout. Le convoi militaire peut l'emprunter et gagner la France, terre des droits de l'homme. Là, ils construiront une nouvelle vie, se dit Zelman, ils seront en sécurité… Le convoi est composé de nombreux réfugiés, notamment des Italiens, venus travailler dans les mines à Charleroi.

En octobre 1940, après un long périple, ils trouvent refuge à Alba-la-Romaine, dans une usine désaffectée où s'entassent les réfugiés. Ils vivent les uns sur les autres, mais reçoivent de la nourriture. Dans le village, certaines maisons sont vides et des hommes ont été appelés sous les drapeaux. Zelman remplace vite l'un d'eux, le coiffeur, ce qui lui permet de quitter ce camp de fortune avec sa famille. Rachel peut aller à l'école. Compte tenu des circonstances, Zelman, Chaja et Fani sont obligés de cohabiter, ce qui n'est pas sans créer tensions et disputes.

Zelman reste très attentif à l'éducation de sa fille. Avec ses premières économies, il lui a offert un violon – instrument que l'on peut emporter partout avec soi. Une femme qui loge dans l'appartement en face du salon de coiffure lui donne des cours. Tandis qu'elle progresse, Rachel se réconcilie avec le monde par la musique. Son père le lui a dit mille fois : s'ils devaient un jour être séparés, il lui faudrait toujours prendre avec elle son manteau de pluie et son violon.

Tous les réfugiés doivent se présenter en mairie pour se faire recenser. Ordre préfectoral. Ainsi, on sait toujours où les trouver… Dans l'usine désaffectée, Rachel prend conscience que, aux yeux du monde, elle est avant tout juive.

Sa mère, Chaja, ne s'est jamais déclarée comme Juive, uniquement comme réfugiée belge. Quand un accord est signé entre l'occupant nazi et le gouvernement belge permettant aux seuls ressortissants belges de rentrer, elle décide de repartir pour Bruxelles. Rachel ne peut pas la suivre.

Pour l'enfant, cette première séparation est un déchirement.

Dans le courant de l'été 1941, le prisonnier de guerre propriétaire du salon de coiffure où travaille le père de Rachel est de retour. Il reprend l'affaire. Zelman perd son emploi. La famille doit déménager dans un logement plus petit, bientôt privé de chauffage. Fort heureusement, ils bénéficient du soutien d'une partie des villageois, de leurs actes fraternels, comme des dons de nourriture et de vêtements. Lors du recensement, Zelman a été contraint de se déclarer à la mairie. Aussi tous les membres de la famille sont-ils identifiés comme Juifs étrangers et assignés à résidence : interdiction pour eux de quitter le village sans autorisation.

À partir du printemps 1942, ils sont tenus de pointer tous les quinze jours au bureau de la mairie. C'est à partir de ce moment que Rachel se rend compte qu'elle est une prisonnière d'un genre particulier : elle se déplace dans les rues, va à l'école, joue du violon sur les marches du théâtre antique près du village ; elle est en liberté, oui, mais à l'intérieur d'un périmètre très limité.

Faute d'avoir trouvé un nouveau travail, Zelman doit partir clandestinement sur les routes chercher des clients dans les villages voisins, puis de plus en plus loin. Il ne revient que rarement voir sa famille, et survit comme berger dans les montagnes.

Bientôt, les gendarmes le recherchent pour l'envoyer dans un camp réservé aux travailleurs étrangers au chômage – un GTE. Un jour, un enfant d'un village voisin apprend à Fani et Rachel qu'il a été dénoncé et arrêté.

Sans hésiter, elles s'empressent de faire le trajet jusqu'au camp de travail, chargées de colis. Quand il les voit, Zelman s'écrie :

— Mais pourquoi êtes-vous venues ? C'est de la folie !

Depuis qu'il est dans ce camp, Zelman est pessimiste. Les mauvais traitements qu'on leur inflige, la violence des coups de l'un des gardiens, lui ont fait comprendre que leur situation va empirer. Il leur fait part des bruits qu'il a entendus : les Juifs vont être rassemblés pour être livrés aux nazis et servir de main-d'œuvre. Tout ce qu'ils ont fui depuis toutes ces années va les rattraper.

— Partez ! leur répète-t-il.

Le lendemain même de cette visite, le 26 août 1942, au petit jour, le garde champêtre d'Alba-la-Romaine vient chercher Rachel et Fani dans leur appartement. Il les connaît bien, car c'est lui qui est chargé de faire le lien entre la mairie et les réfugiés. Ce jour-là, il doit rassembler les Juifs étrangers du village pour les mener à un autocar. Il ne s'y trouve alors que Rachel et sa belle-mère.

Rachel se saisit immédiatement de son violon et de son manteau de pluie. Avec Fani, tels des automates, elles emballent quelques effets personnels.

Au fil des heures, l'autocar se remplit des malheureux ramassés dans la grande rafle. Rachel, effrayée, pleure. Chaque nouvelle famille qui monte dans le car raconte ce qu'elle a traversé. Rachel retrouve des familles qu'elle a connues à Charleroi et qui ont aussi subi ce long exode pour se retrouver là, dans un car qui les emmène elles ne savent où. À chaque nouvel arrêt, ses larmes redoublent. Elle pense à sa mère qui est repartie en Belgique et l'a laissée orpheline. Un gendarme prend pitié d'elle.

— Tu sais, j'ai une petite fille comme toi…, lui dit-il dans une tentative d'apaisement.

Mais Rachel est inconsolable. Elle entend un autre gendarme expliquer qu'ils vont tous être conduits dans un autre pays, pour y travailler. Cela confirme ce que lui a dit son père. Dans le car, où d'autres Juifs arrêtés dans les villages voisins grimpent apeurés, les enfants se serrent contre leurs parents. Les pères sont sombres. Les mères, angoissées, tentent de rassurer les petits. Certains expliquent à mi-voix qu'ils ont réussi à se libérer des camps pour étrangers en payant les gardiens. L'ambiance est étouffante et les heures s'étirent. Il faut aller chercher encore d'autres familles, dans des villages plus éloignés.

Au bout d'une dizaine d'heures de périple, l'autocar franchit l'enceinte de l'ancien arsenal militaire de Vénissieux.

Justus

Justus Rosenberg, beau jeune homme de vingt ans, est lui aussi réveillé par des coups frappés à la porte de sa logeuse. À Grenoble, le 26 août 1942, en zone libre. Et lui aussi comprend très vite qu'il est dans une très mauvaise posture.

Deux ans plus tôt, Justus était encore scolarisé au lycée Janson-de-Sailly, rue de la Pompe, à Paris, où il habitait depuis trois ans. L'arrivée des nazis dans la capitale, à partir du 14 juin 1940, a sonné le glas de ses études.

Dantzig, ville libre[1] d'où il vient, avait permis à sa famille de trouver une paix relative. Mais avec l'arrivée de Hitler au pouvoir, les vexations contre les Juifs

1. Après la Première Guerre mondiale, l'Allemagne pourtant vaincue réclame la restitution de ce territoire, mais les représentants de la nouvelle Pologne s'y opposent. Pour sortir de ce conflit, les délégués de la Société des Nations confèrent à Dantzig un statut autonome placé sous sa protection. Les Juifs peuvent donc y vivre plus sereinement. Ils ne sont pas considérés comme des Juifs polonais ou allemands, mais plutôt comme une communauté singulière.

à Dantzig s'étaient multipliées. Au début, de façon insidieuse. Beaucoup de ses amis s'étaient mis à l'éviter. Sous la pression de leurs parents, ils refusaient de le voir. Un nouveau palier avait été franchi lorsque l'entrée du lycée lui avait été interdite, comme à tous les autres Juifs. Comment allait-il poursuivre son apprentissage et sa scolarité ? Ses parents avaient alors décidé de l'envoyer à Paris, dans le pays des droits de l'homme, en pension chez M. Berger, un ami de la famille, mais aussi un partenaire commercial de son père, spécialisé dans le négoce de blé.

Au cours de son périple pour rallier la France, Justus est passé par Berlin, où vit un de ses oncles. Là-bas, il a pris conscience de la virulence du nazisme en Allemagne, bien pire qu'à Dantzig. Son oncle ne pouvait plus exercer son métier de professeur et restait prostré chez lui, effrayé par les interdictions multiples et l'ultraviolence dirigée contre les Juifs. Justus est parti au plus vite, ne comprenant pas pourquoi son oncle ne faisait pas de même.

À Paris, scolarisé et encore libre, Justus a profité de ses derniers moments d'insouciance. Au cours de l'été 1939, il est parti avec des camarades en Bretagne ; il a repris le lycée en septembre, en classe de première. Mais tout a volé en éclats le 14 juin 1940, quand les nazis sont arrivés dans la capitale. Il a pris la route de l'exode, vers le sud, comme nombre de familles, françaises ou étrangères. Crainte des raids aériens, épuisement dû à la marche, difficultés pour s'approvisionner : tout le monde était à cran. Justus a eu la chance de ne devoir s'occuper que de lui-même, mais il a vu les parents porter leurs enfants, exténués.

Lorsqu'il a atteint Toulouse, Justus s'est rendu dans un cinéma, le Pax, transformé en centre d'accueil pour les réfugiés. C'est là qu'il a fait la connaissance de deux jeunes femmes – dont une Américaine, Miriam Davenport, née à Boston –, qui, elles aussi, ont fui l'avancée des troupes allemandes. Miriam, peintre et sculpteur, devait se rendre à Marseille, où elle avait des contacts. Elle lui a proposé de la rejoindre, car elle pourrait peut-être l'aider.

Le 17 juin, à Toulouse, alors qu'il profite de quelques heures de répit avant de prendre le train, il entend à la radio la voix chevrotante du maréchal Pétain. L'ancien héros de la Grande Guerre est alors âgé de quatre-vingt-quatre ans. Il est 12 h 30, il adresse ces mots au peuple de France : « C'est le cœur serré que je vous dis aujourd'hui qu'il faut cesser le combat. »

À Marseille, sur le Vieux-Port, Justus retrouve Miriam et d'autres réfugiés à la situation précaire. L'après-midi, ces femmes et ces hommes se donnent rendez-vous dans les bars qui offrent « une vue imprenable sur la mer et ainsi un espoir de départ pour ces exilés qui [restent] attablés pendant des heures, des jours de suite. À l'affût de la moindre nouvelle concernant les bateaux et les déplacements de la police, ils [regardent] nerveusement les dates d'expiration de leurs permis de séjour, visas et autres papiers de transit[1] ». Au bar *Le Pélican*, à côté du consulat américain, Miriam parle à Justus de l'organisation d'un plan de sauvetage d'artistes et d'intellectuels de renom, réalisé avec le soutien de puissants protecteurs,

1. Récit de l'Alliance française de Londres, 2016.

notamment la riche héritière américaine Mary Jayne Gold, qui a vécu à Paris avant la capitulation, puis s'est installée à Marseille. Quelle femme extraordinaire, cette Mary Jayne Gold ! Figure de la *jet-set*, grande skieuse, elle est aussi pilote d'avion. Elle a pour amant un légionnaire déserteur, Raymond Couraud, dit « The Killer », qui deviendra un héros de la guerre dans les forces spéciales britanniques. Désireuse de soutenir la République, Mary a fait don de son avion privé au gouvernement français. Puis, après l'armistice, elle a participé au financement de la location d'une grande bastide pour y accueillir des artistes, écrivains et chercheurs éminents, menacés d'être livrés à l'occupant nazi par Vichy.

Le journaliste américain Varian Fry, âgé de trente-trois ans, protestant et membre de la Young Men's Christian Association, est chargé d'organiser l'évasion de ces intellectuels vers les États-Unis grâce au recours à des bourses, des logements secrets, des visas.

Varian Fry est arrivé à Marseille le 14 août 1940, dépêché par l'Emergency Rescue Committee, une organisation caritative patronnée par Eleanor Roosevelt, l'épouse du président américain. Outre trois mille dollars en poche, son bagage de sauveteur comporte une liste de deux cents noms de personnalités à protéger en priorité et à évacuer, parmi lesquelles figurent Hannah Arendt, Alma Mahler, Claude Lévi-Strauss, Max Ernst, Marc Chagall… À la demande de l'écrivain Victor Serge et de sa femme Laurette, André Breton, sa femme et leur fille se voient ajoutés à cette liste. En attendant leur départ pour New York, le 25 mars 1941. Finalement, l'action de Varian Fry se prolongera bien au-delà du délai prévu initialement.

Justus est recruté comme courrier par Varian Fry : il transporte des lettres, des faux papiers... C'est une mission périlleuse, qu'il mène avec la fougue et l'audace de sa jeunesse. Il navigue entre les consulats et les refuges des artistes antinazis, afin de leur remettre les documents nécessaires pour quitter le pays. Il faut être rapide et discret, et Justus sait être tout cela. Sportif, souriant, c'est un jeune homme qui saisit vite ce qu'on lui demande et sait mettre les gens dans sa poche.

En août 1941, coup de massue : Varian Fry est prié par le gouvernement de Vichy de quitter le territoire. Justus espère bien pouvoir faire partie du dernier convoi d'exfiltration. Il fait des pieds et des mains pour qu'on ne le laisse pas derrière. En vain. La mission de Varian est claire : sauver les artistes, les intellectuels, les scientifiques...

— C'est un gentil garçon, mais on ne peut rien pour lui, lance Varian à Miriam, venue plaider la cause de son ami avec virulence.

Justus ne peut s'empêcher de trouver cette décision injuste. Sous prétexte qu'il n'est pas un intellectuel, on ne lui donnera ni visa ni porte de sortie. Encore une fois, il doit se débrouiller tout seul.

Il se souvient alors de l'existence d'une filière qui exfiltre vers l'Espagne. Varian y a fait appel pour quelques personnes. Justus décide de tenter sa chance. Il prend le train jusqu'à Perpignan, puis se rend à Ax-les-Thermes, au pied des Pyrénées, où il espère rencontrer le fameux passeur. Arrivé sur place, il apprend que l'homme s'est fait arrêter. Tant pis, il s'aventure seul dans les montagnes, carte en main, pour trouver et franchir la frontière. Mais il est bientôt interpellé par les gendarmes, qui surveillent les sentiers à l'approche du Graal qu'est l'Espagne.

Pendant l'interrogatoire au poste, il se défend comme il peut pour expliquer aux gendarmes la raison de sa présence dans cette zone.

— Je pratique l'escalade…

Cette défense s'avère complètement inefficace. Il est transféré en prison à Foix. Son séjour carcéral dure un peu plus de deux semaines. Le jour de son jugement, le magistrat lui lance un regard complice puis, d'une voix forte et tranchante, il s'adresse au procureur général en ces termes :

— Ne pensez-vous pas qu'une amende de cinquante francs devrait suffire pour punir le contrevenant de s'être retrouvé dans une zone sans autorisation ?

Justus est ébahi par sa chance. Le juge vient de lui sauver la mise.

En quittant l'audience, le magistrat lui glisse à l'oreille :

— À votre prochaine tentative, tâchez de vous y prendre un peu mieux.

Retour à Marseille. Justus entend dire que Lyon est le centre de la Résistance, et décide de s'en rapprocher en s'installant à Grenoble.

Ce sont les premiers jours de l'année 1942, la situation des Juifs de France s'assombrit dramatiquement.

Chez sa logeuse, Mme Damour, Justus fait profil bas. Pas question, pour autant, de rester inactif. Il contacte les réseaux de Résistance locaux et, grâce à un réfugié alsacien, parvient à les rencontrer à l'université de

Grenoble. Mais il n'aura pas le temps de trouver un nouveau moyen de fuir.

Au petit matin du 26 août 1942, il est réveillé par le claquement des bottes dans l'escalier.

Direction le camp de Vénissieux, dans la banlieue de Lyon.

L'abbé

6 août 1942.

Presbytère de Notre-Dame-Saint-Alban, dans le 8e arrondissement de Lyon.

L'abbé Alexandre Glasberg, vicaire de la paroisse, a reçu la veille au soir la visite de Gilbert Lesage. Pour tous ceux qui, comme l'abbé, protègent ardemment les réfugiés, le chef du Service social des étrangers (SSE) de Vichy, rattaché au commissariat à la Lutte contre le chômage, est un personnage clé. Sa fonction officielle lui donne accès à une multitude d'informations confidentielles, qu'il peut communiquer aux réseaux d'entraide et de Résistance. Homme de cœur, volubile et chaleureux, d'obédience protestante, qui, dans les années trente, a découvert avec horreur, lors de voyages organisés par la Société des amis (Quakers) en Allemagne, Pologne, Hongrie, les effets du national-socialisme. Depuis, ce militant de la non-violence n'a qu'une obsession : porter secours aux victimes du nazisme. Or, ce qu'il a appris dans les couloirs de l'administration est glaçant : à la demande de Pierre Laval, revenu le 18 avril de cette même année à la tête du gouvernement de Vichy sous la pression des nazis, les services de la police française s'apprêtent à déclencher de grandes opérations d'arrestations des Juifs étrangers dans toute la zone non occupée.

La raison de cette décision ? Dès 1941, les nazis ont commencé à exterminer les Juifs, massacre officialisé en janvier 1942 sous le terme de « solution finale de la question juive en Europe » lors de la conférence de Wannsee. À partir du 27 mars 1942, date du départ du premier convoi de déportation de France, le gouvernement de Vichy est impliqué dans le génocide : il est sommé de livrer les Juifs de France. Les tractations s'engagent entre René Bousquet, secrétaire général de la police de Vichy, et le général SS Carl Oberg, chef supérieur des SS et de la police allemande en France, pour déterminer quels Juifs et combien d'entre eux seront donnés à l'occupant pour être déportés.

À la suite des accords Oberg-Bousquet du 2 juillet 1942, Pierre Laval entend bien affirmer la souveraineté du régime de Vichy. Pour cela, il fait le choix d'offrir les services de l'appareil policier et administratif français aux nazis. Le mois de juillet 1942 marque le début du temps des grandes rafles menées par la police française, et en particulier celle du Vél'd'Hiv, les 16 et 17 juillet 1942, au cours de laquelle plus de treize mille personnes (neuf mille adultes et quatre mille enfants) ont été arrêtées et détenues dans des conditions épouvantables, avant d'être déportées. Environ trois mille enfants en bas âge ont été séparés de leurs parents et enfermés dans les camps de Pithiviers et Beaune-la-Rolande. Ils seront déportés à leur tour, dans des wagons de marchandises, dans la détresse que l'on imagine… – et gazés à Auschwitz dès leur arrivée.

Cette grande rafle est suivie d'autres arrestations, opérées dans la zone occupée, qui poussent les Juifs traqués à passer la ligne de démarcation pour entrer dans la zone non occupée, placée sous le contrôle de Vichy.

Mais le piège se referme bientôt sur les Juifs étrangers de la zone non occupée, René Bousquet s'étant engagé à livrer également les Juifs étrangers de ce territoire.

Sous l'autorité de Bousquet, le préfet de Région Alexandre Angeli a reçu l'ordre d'assurer le bon déroulement de cette opération secrète sur le territoire des dix départements dont il a la charge – Ain, Ardèche, Drôme, Haute-Savoie, Isère, Jura, Loire, Rhône, Saône-et-Loire, Savoie – et dont deux sont traversés par la ligne de démarcation. Il est secondé par son intendant de police, Lucien Marchais, et par les préfets de département. Alexandre Angeli est un homme sec au profil en lame de couteau, qui porte une moustache grise coupée court. C'est le prototype du haut fonctionnaire appliqué et froid. Il ne supporte pas que son autorité soit mise en question et peut être de glace. Chacun des ordres qu'on lui donne et qu'il transmet doit être respecté à la lettre, quand bien même ce seraient des actes contraires à l'humanité.

Parallèlement à l'organisation de la grande rafle de la Région préfectorale de Lyon, il a diligenté des demandes de renseignements sur des centaines de personnes. Il s'intéresse plus particulièrement à un homme : l'abbé Alexandre Glasberg.

Le préfet connaît le charisme et la détermination de cet homme d'Église. À quarante ans, Alexandre Glasberg ne passe pas inaperçu. Massif, la voix tonitruante, c'est une force de la nature qui est aussi un bon vivant à ses heures. S'il s'affiche dans les meilleurs bouchons lyonnais pour déguster les spécialités locales, il reçoit surtout discrètement ses correspondants chez Mlle Palluat, au 17, rue de Marseille, dans le quartier de la Guillotière. Son réseau est « humanitaire », mais fait œuvre de résistance aux idées propagées par les nazis et relayées par Vichy. Le préfet en redoute la force, car Glasberg a le don de convaincre et d'entraîner. Derrière ses lunettes de myope à double foyer se cache un regard perçant, aiguisé. Il sait à la fois s'imposer en impressionnant son interlocuteur, et le séduire par des manières rondes et diplomatiques. En sa compagnie, tous se sentent galvanisés et chacun veut se dépasser.

D'où vient cet homme qui marquera longtemps la mémoire des Lyonnais et de beaucoup de réfugiés ? Juif converti au christianisme, maîtrisant parfaitement le yiddish, il a dû quitter l'Ukraine de son enfance et ses violences antisémites en 1920, à l'âge de dix-huit ans. Le début d'un très long voyage… Entre 1921 et 1929, il séjourne en Pologne, en Autriche, puis en Allemagne et en Yougoslavie. Il étudie et parle couramment les langues des pays qu'il traverse. Il arrive en France en 1932, où il est admis à l'Institut catholique de Paris. Le 8 juin 1933, il est rebaptisé à la Solitude d'Issy à Paris, avant d'entrer chez les trappistes à l'abbaye de Sept-Fons, dans l'Allier. Le 2 janvier 1934, l'évêque de Moulins, dans l'Allier, Mgr Gonon, le fait entrer au grand séminaire de son diocèse. En octobre 1935, il intègre le petit séminaire universitaire de Lyon, tout récemment installé sur la colline Saint-Just.

Cette institution lyonnaise lui apparaît alors comme un milieu très ouvert par rapport aux communautés qu'il avait fréquentées jusque-là. L'étudiant en théologie se sent merveilleusement à l'aise parmi ces prêtres non conformistes. C'est là qu'il rencontre celui qui deviendra son principal allié, le jésuite Pierre Chaillet, figure de la Résistance et farouche opposant à l'antisémitisme. Légèrement dégarni, les yeux cerclés de lunettes de métal, l'homme respire la bonté et l'énergie. Dès les premières heures, ce catholique avant-gardiste refuse le silence et l'inaction. Maurice Schumann, porte-parole de la France libre à Londres, lui dira en septembre 1944 : « Vous avez été notre 18 Juin spirituel ! » Pierre Chaillet crée un groupe de résistants, particulièrement tourné vers l'aide aux Juifs, et fonde *Les Cahiers du Témoignage chrétien*, un journal clandestin de résistance spirituelle aux idées collaborationnistes. Il s'engage aussi dans l'action en faisant du renseignement. Tout comme Gilbert Lesage, l'« agent double » de Vichy, sa sensibilité précoce à la montée de l'idéologie nazie est due à son séjour en Autriche à partir de 1934, au cours duquel il est témoin des persécutions envers les Juifs et les catholiques – persécutions qu'il dénonce dans un livre publié en 1939, *L'Autriche souffrante*. Entre octobre 1940 et septembre 1941, le *Journal officiel*, en France, fait paraître sur le statut des Juifs vingt-six lois, vingt-quatre décrets, six arrêtés. Au total, cinquante-six textes en moins d'un an. Une inflation antisémite inacceptable et honteuse à ses yeux.

Dorénavant, il le répète : il faut éveiller les consciences. Dès le début du gouvernement de Vichy, Chaillet dénonce la trahison du régime qui, dit-il, « a pactisé avec le diable ». Sa formule fait mouche et grand bruit.

Pour l'abbé Glasberg, la rencontre avec le jésuite est déterminante. Non seulement ils partagent les mêmes idées, mais ils sont animés par le même sens de l'action. Ces deux hommes de foi et de conviction sont prêts à donner leur vie pour sauver celle des autres. Dans son combat, Glasberg peut s'appuyer sur deux structures : le diocèse de Lyon, où il est détaché, et la paroisse Saint-Alban, où il seconde le curé Laurent Remillieux. Une paroisse discrète dans une banlieue pauvre de Lyon connue sous le nom de Transvaal, fréquentée par de nombreux séminaristes, mais également par des catholiques antinazis. Tout au long de l'année 1941, c'est principalement dans cette église qu'il vient en aide aux réfugiés et aux Juifs étrangers. Tous ceux qui cherchent un gîte ou de l'aide pour se sortir des méandres de l'administration ont vite su qu'ils trouveraient là secours et assistance.

Glasberg est conscient que sa position d'homme de Dieu est un atout dans ses négociations. Il sait « jouer de sa soutane » pour imposer ses vues et se veut œcuménique. Pour faire cesser les conflits, répète-t-il, les hommes doivent se connaître et se respecter. Il tisse des liens avec les protestants, avec les Juifs, avec les organisations laïques. Travailler main dans la main, voilà son credo.

L'objectif qui est le sien d'élargir le combat à toutes les familles spirituelles aboutit, en mai 1941, à la création de l'Amitié chrétienne, une association interconfessionnelle dont le but est de « venir en aide par tous les moyens à toutes les misères morales et matérielles des sujets français, étrangers, apatrides ou de nationalité incertaine, placés par les circonstances dans la situation de réfugiés ou indigents, et en général à toute personne placée par les événements non seulement dans la misère, mais encore dans la gêne, et qui, malgré son bon vouloir, ne peut travailler ou ne trouve à s'employer ».

En 1942, l'Amitié chrétienne, qui se porte presque exclusivement au secours des Juifs – car ils sont plus délaissés et les plus menacés par Vichy, devenu le grand pourvoyeur de Juifs à l'occupant nazi –, fonctionne non seulement sous le haut patronage d'autorités civiles et religieuses de l'État français, mais encore sous le contrôle moral et effectif d'un comité d'honneur[1] constitué de personnalités civiles et religieuses de Lyon.

---

1. Le comité d'honneur de l'association établie en conformité avec les prescriptions de la loi du 1er juillet 1901, dont le siège se situait dans les anciens locaux de *Temps nouveau*, 12, rue Sainte-Catherine, dans le 1er arrondissement de Lyon, était composé de personnalités lyonnaises importantes telles que M. Garraud, président, doyen de la faculté de droit, conseiller municipal de Lyon ; Roland de Pury, pasteur, vice-président ; M. Bellemain, directeur de la Caisse d'épargne de Lyon ; M. Jean Chaine, adjoint au maire de Lyon ; M. Jean Courbier, industriel ; M. François Charles-Roux, ambassadeur de France ; M. Eugène Dumont, administrateur de sociétés ; M. Stanislas Fumet, écrivain, ancien directeur de l'hebdomadaire *Temps présent*, devenu lors de son arrivée à Lyon, en 1940, *Temps nouveau*, interdit en 1941, et cofondateur de la publication clandestine *Les Cahiers du Témoignage chrétien* ; M. Emmanuel Gounot, conseiller municipal de Lyon ; Mlle Jouffray, conseillère

Dès cette année-là, l'Amitié chrétienne prend de l'envergure. Épaulé par le père Chaillet, l'abbé Glasberg est en passe de réussir à monter un véritable réseau d'entraide à caractère interconfessionnel. Placée sous le puissant patronage du cardinal Gerlier, primat des Gaules depuis 1937, mais aussi du pasteur Boegner et du maire de Lyon, Georges Villiers, l'association est un bouclier moral, sous la protection duquel Glasberg peut manœuvrer pour entrer dans les administrations, défendre le dossier d'un réfugié, obtenir une autorisation, influencer une décision. Tout doit être fait pour que les cibles potentielles de Vichy passent entre les mailles du filet.

Très vite, de jeunes militants juifs étrangers rejoignent l'équipe de l'Amitié chrétienne. Parmi eux, Joseph Rovan, qui a dû quitter l'Allemagne avec ses parents pour se réfugier en France en 1933, et David Donoff, dit « Dodo », jeune Russe résistant qui sera abattu en 1944 par la Milice. Le 29 août 1942, c'est lui qui conduira l'un des cars où prendront place Rachel et d'autres enfants libérés du camp de Vénissieux.

L'Amitié chrétienne bénéficie de l'appui humain et financier de la communauté juive, dont les dirigeants

---

municipale de Lyon ; M. René Jullian, conservateur des Musées de Lyon ; M. le professeur Leriche, président du Conseil supérieur de l'Ordre des médecins ; M. Henri Montmaneix, conseiller municipal de Lyon ; M. Henry Morel-Journel, président honoraire de la chambre de commerce de Lyon ; M. Emmanuel Mounier, agrégé de l'Université, fondateur de la revue *Esprit* ; M. le comte Wladimir d'Ormesson, ambassadeur de France ; M. Georges Pernot, ancien garde des Sceaux ; M. H. Saint-Olive.

sont de plus en plus privés de la possibilité d'œuvrer à découvert. Parmi les représentants des organisations juives qui participent au mouvement se trouvent André Weil, Samy Lattès et Yves Lion, chargé au sein du Consistoire central des relations avec les chrétiens.

Glasberg peut aussi compter avec la figure du général de Saint-Vincent, gouverneur militaire de Lyon, qui opposera un refus catégorique aux ordres de Vichy.

Averti par Gilbert Lesage d'une rafle imminente, Glasberg doit prévenir au plus vite tous les réfugiés qu'il connaît, et notamment ceux hébergés dans les différents centres d'accueil et foyers de Lyon. Il doit leur indiquer des endroits où se cacher ou des filières pour franchir la frontière.

L'abbé en a déjà l'expérience. Avec le père Chaillet, il a réussi à sauver des dizaines de femmes et d'hommes visés par la clause 19 de la convention d'armistice du 22 juin 1940, qui réclamait que l'on remette à l'occupant les émigrés politiques allemands et autrichiens réfugiés en France. Grâce à ses informateurs, le commissaire Chabert et le chef de la brigade de Lyon-Suchet, Omer Flouquet[1], il a obtenu la liste de ceux qui étaient visés à Lyon.

Avec l'aide de son frère Victor, également prêtre, et d'une poignée de volontaires, il est parti à leur recherche pour les prévenir et les cacher. Il a organisé un relais entre ces réfugiés mis à l'abri et des

---

1. Cet homme était membre du réseau de Résistance belge Sabot, spécialisé dans le renseignement, le secours aux réfractaires, aux clandestins, aux populations juives, et dans le sabotage.

représentants d'institutions étrangères de secours qui les ont fait passer soit en Suisse, soit aux États-Unis via l'Espagne. Le sauvetage des persécutés est dans ses gènes. Cette fois, il lui faut d'urgence obtenir les noms des personnes visées par la grande rafle.

Cette capacité non seulement d'obtenir des renseignements grâce à un réseau bien développé, mais aussi d'organiser la disparition de ceux qui sont menacés, est sa grande force. Sera-t-elle suffisante ? Ce qu'il va devoir faire en ce mois d'août relève de l'exploit. Ou du miracle…

Le cardinal

Si la position de l'abbé Glasberg et celle du père Chaillet sont tranchées, celle du cardinal Gerlier, primat des Gaules, est plus complexe. Son amitié avec Pétain remonte à la guerre de 1914-1918, et le Maréchal est encore à ses yeux, comme à ceux de nombreux Français, le grand vainqueur de Verdun, sauveur de la patrie. Celui qui peut, croit-on, garantir l'unité morale du pays. Mais, face à un gouvernement de Vichy qui opprime les plus démunis, et en particulier les Juifs, qui sont les frères de tous les chrétiens, il ne lui est plus possible de rester indifférent.

Ancien juriste promis à une brillante carrière d'avocat, doué d'un grand talent d'orateur, le cardinal Gerlier éprouve une indéfectible amitié à l'égard des Juifs. Il a su développer, bien avant la guerre, des liens de confiance avec le consistoire de Lyon, marqué par la figure généreuse de Robert Lehmann, puis avec le Consistoire central de France dès son repli à Lyon, dans les premiers mois de 1941. On suppose même que c'est grâce à une démarche personnelle du primat des Gaules que le local du 7, rue Boissac, devenu le siège du Consistoire central, situé au cœur de la cité lyonnaise, a été mis à la disposition de son président, Jacques Helbronner[1]. Ce dernier entretient également des liens d'amitié avec Pétain, qu'il a aidé à obtenir son bâton de maréchal.

Le comportement du primat des Gaules suscite un grand sentiment de reconnaissance du côté des deux conseillers juridiques du Consistoire central, André Weil et Me Kiefé, qui ont pu bénéficier de son concours à chacune de leurs démarches en faveur des réfugiés. Mais c'est sans doute au père Chaillet et, par son entremise, à l'abbé Glasberg qu'il offre son plus grand concours, en soutenant chacune de leurs actions caritatives. Ainsi, il a fait passer à Vichy une note du père Chaillet sur les terribles conditions de vie des internés dans les camps de Vichy. Et, grâce à son haut patronage, l'abbé Glasberg a pu prendre la direction des centres d'accueil (DCA) et y placer des Juifs, dont certains sortis des camps d'internement, notamment celui de Gurs, dans le Béarn, ainsi que quelques anciens des Brigades internationales, qui trouvent refuge à Chansaye[2].

---

1. Louis, un des frères de Jacques Helbronner, fut un grand camarade d'études de droit de Pierre Gerlier, le futur cardinal. Au point qu'après la mort de Louis, grièvement blessé au combat en 1914, Pierre Gerlier devint le protecteur de sa veuve et de ses enfants.

2. En renouvelant sa confiance au cardinal Gerlier, le gouvernement de Vichy a donné son accord de principe pour la création d'une Direction des centres d'accueil. Les trois initiateurs du projet, qui formeront le comité directeur, sont l'abbé Glasberg, Nina Gourfinkel, déléguée du Comité d'assistance à la population juive frappée par la guerre (RELICO), et le docteur Joseph Weill, de l'Œuvre de secours aux enfants (OSE). David Donoff en assure le secrétariat général. En 1942, on compte les centres d'accueil

Un geste fort, parmi d'autres.

Toutefois, le cardinal Gerlier ne dénonce pas pour autant les raisons de tous ces maux et de cette souffrance.

Il faut pour cela attendre l'affaire de Vénissieux.

---

de la Roche-d'Ajoux au lieu-dit Chansaye à Poule-les-Écharmeaux (Rhône), de Pont-de-Manne (Drôme), du Bégué à Cazaubon (Gers) et du Lastic à Rosans (Hautes-Alpes).

Lili

Le 21 août 1942, à Lyon, cinq jours avant la rafle, une jeune femme de vingt et un ans, silhouette sportive, cheveux bruns et yeux sombres, arrive à vélo au pied de la colline Saint-Just, écrasée par la chaleur. Elle s'appelle Lili Tager. Elle est en nage, et met le pied à terre devant la vaste demeure bourgeoise où l'attendent Georges Garel et sa sœur Raya, tous deux membres de l'Œuvre de secours aux enfants, l'OSE. La maison est prêtée aux Garel depuis l'été 1941 par un généreux couple à la retraite, les Comte-Bellemin, particulièrement sensibles aux actions menées par l'OSE depuis sa création en 1910, dans la Russie tsariste.

L'association est alors dédiée à la protection sanitaire des Juifs, visés par de nombreux pogroms depuis les lois antisémites de 1881. Le siège central est transféré de Berlin à Paris, et elle est reconnue d'utilité publique en 1933. En 1935, avec la montée du nazisme, sa priorité pour défendre le peuple juif devient la protection et le maintien en vie des enfants. Obligée de se replier avec l'invasion allemande, l'OSE consacre la plus grande partie de ses moyens aux enfants des zones interdites et occupées, ainsi qu'à ceux qui se trouvent dans les camps. Le bureau de l'OSE à Lyon est situé en plein cœur de la ville, rue Gentil.

Ce jour-là, Charles Lederman, qui a fondé le bureau lyonnais de l'OSE, convoque ses principaux correspondants, dont la jeune Lili Tager. Jamais réunion n'a été aussi urgente. Charles Lederman est un homme brillant. Né en 1913 en Pologne, fils d'un engagé volontaire dans l'armée française au cours de la Première Guerre mondiale, il est avocat et s'implique dans de nombreuses organisations syndicales. Il a combattu à Dunkerque en 1940, a été fait prisonnier, puis s'est évadé du stalag où il était retenu, avant d'être démobilisé. Depuis, il ne ménage pas sa peine pour venir en aide aux réfugiés. Dès 1940, il est la première personne, à la demande de l'OSE de Montpellier, à résider au sein du camp de Rivesaltes, dans les Pyrénées-Orientales. Il y entreprend un travail régulier avec la préfecture et organise des évasions en obtenant des autorisations de sortie. Devenu suspect, il est prié par les dirigeants du camp de quitter les lieux.

À Lyon, il tombe amoureux de Raya Garel. Raya et Georges Garel sont les enfants de Moïse Garfinkel, Juif russe arrivé en France avec sa famille à la mort de Lénine, en 1924, après avoir vécu à Kiev et à Berlin. Georges, qui a trente-trois ans (il est né à Vilnius, en Lituanie, en 1909), a fait Polytechnique en Suisse. C'est un ingénieur méthodique et organisé qui, depuis les lois antijuives de Vichy, a vu sa liberté de travailler réduite. Ami intime de Claude Bourdet, qui appartient au réseau

Combat et qu'il a rencontré pendant ses études, Georges est engagé dans la Résistance, sans que ses proches n'en sachent rien. Il a fait la connaissance de Lili Tager quelque temps plus tôt, dans le bouchon de Mlle Palluat, et n'est pas fâché de voir la jeune femme frayer dans les mêmes eaux que lui.

Lili, quant à elle, sent un véritable élan la pousser vers Georges.

Lili, cette jeune femme qui descend de vélo pour rejoindre ses amis de l'OSE, est née à Paris en 1921. Son père, Paul, et son épouse sont eux aussi partis de Russie, dès 1913, pour venir s'installer dans la capitale française. À l'été 1941, ils sont contraints de fuir Paris pour rejoindre la zone non occupée.

Un moment, Lili a souhaité quitter la France. Elle s'est même inscrite à la Sorbonne en septembre 1940 pour le professorat de français à l'étranger. Mais le 11 novembre de cette même année, elle participe à la manifestation organisée par les étudiants et les lycéens devant la flamme du Soldat inconnu, à l'Étoile, pour protester contre l'occupant nazi. Dans la foule des manifestants, elle se plante devant un soldat allemand et lui tire la langue. Provocation dangereuse : elle passe trois mois en prison.

Au début de l'année 1941, la situation se complique : son père n'est plus autorisé à exercer sa profession. La famille gagne alors Grenoble, puis Lyon. Dans son acte de rébellion contre le soldat allemand, même puéril, il y avait sans doute en germe l'envie de se battre. Lili se rapproche des membres de l'Œuvre de secours aux enfants pour se rendre utile auprès des réfugiés.

C'est sa manière de résister. Elle consacre toute son énergie à ces familles chassées de leur pays par le nazisme, et qu'elle peut aider à accomplir les démarches administratives imposées par Vichy. Si Lili est encore toute jeune, elle sait écouter et réconforter. Elle comprend ce que traversent ces personnes pour l'avoir vécu, et sait trouver les mots pour les apaiser.

Raya Garel accueille Lili avec une mine défaite. À l'intérieur de la maison, cette dernière aperçoit deux autres membres du bureau lyonnais de l'OSE : Élisabeth Hirsch et le docteur Joseph Weill.

Élisabeth Hirsch croule sous le poids des responsabilités. À vingt-neuf ans, son parcours a de quoi impressionner. Engagée par la baronne de Rothschild peu avant la guerre pour s'occuper des œuvres sociales, elle a une première expérience de terrain dans le camp de Gurs. En décembre 1940, au sein de l'équipe du Service social d'aide aux émigrants (SSAE), elle libère des enfants de façon légale en parvenant à les écarter de la contrainte du regroupement familial. Plus tard, elle fait la connaissance d'Andrée Salomon, qui intervient au camp de Gurs, et qui lui propose d'entrer à l'OSE pour y diriger le bureau régional de Lyon, tout juste ouvert. Depuis, elle se bat non seulement pour soutenir les familles juives nouvellement réfugiées à Lyon, mais aussi pour prendre en charge des enfants, et parfois des mères.

Le docteur Joseph Weill, lui, a un air de révolutionnaire russe, avec son bouc et sa moustache. Âgé de quarante et un ans, né d'un père rabbin à Bouxwiller, près de Strasbourg, il a fait de brillantes études de médecine. Après la lecture du livre de Hitler, *Mein Kampf*, sitôt sa parution en 1926, il acquiert la certitude qu'une immense catastrophe va bientôt s'abattre sur toute l'Europe. Il entre alors en résistance. Entre les années 1934 et 1939, il organise un réseau de renseignement, avec la complicité indirecte de certains de ses patients, puis il s'installe à Lyon.

Ce 21 août, tous les participants à la réunion ont la mine grave. Leur contact dans l'administration de Vichy, Gilbert Lesage, qui dispose d'environ trois cents fonctionnaires et agents répartis dans la zone non occupée, a confirmé la date de la grande rafle secrète qu'ils redoutent tous : le 26 août. Dans cinq jours…

Chacun a en mémoire les récits du drame qui s'est déroulé en gare de Perrache, à Lyon, quelques jours auparavant. Le 11 août, un convoi de Juifs en provenance d'un camp de la zone libre et à destination de Drancy y a fait escale. Lili a entendu le récit des conditions épouvantables dans lesquelles on faisait voyager les femmes, les hommes et les enfants raflés. Le grand rabbin Kaplan était présent ce jour-là, il faisait des prières. Une femme a collé sa bouche au soupirail du wagon, elle a crié : « Rabbin ! Aidez-nous. Le monde peut-il rester impassible devant notre sort ? » Son cri a retenti dans le hall de la gare.

Ce passage d'un train de déportés en gare de Perrache a révolté de nombreux ecclésiastiques. Quelques jours plus tard, Charles Lederman adresse un rapport sur les atrocités de la déportation à l'archevêque de Toulouse, Mgr Saliège, dont il connaît les convictions humanistes. Horrifié, le cardinal décide de ne pas rester muet et écrit une lettre pastorale. Celle-ci est lue le 23 août 1942 dans toutes les églises et chapelles de son diocèse. C'est une condamnation des traitements infligés aux Juifs, un appel au rassemblement et au concours de tous les Français pour leur venir en aide.

Mes très chers frères, il y a une morale chrétienne, il y a une morale humaine, qui impose des devoirs et reconnaît des droits. Ces devoirs et ces droits tiennent à la nature de l'homme ; ils viennent de Dieu. On peut les violer... Il n'est au pouvoir d'aucun mortel de les supprimer. Que des enfants, des femmes, des hommes, des pères et des mères soient traités comme un vil troupeau, que les membres d'une même famille soient séparés les uns des autres et embarqués pour une destination inconnue, il était réservé à notre temps de voir ce triste spectacle. Pourquoi le droit d'asile dans nos églises n'existe-t-il plus ? Pourquoi sommes-nous les vaincus ? Seigneur, ayez pitié de nous. Notre-Dame, priez pour la France. Dans notre diocèse, des scènes d'épouvante ont eu lieu dans les camps de Noé et du Récébédou.

Les Juifs sont des hommes, les Juives sont des femmes. Les étrangers sont des hommes, les étrangères sont des femmes. Tout n'est pas permis contre eux, contre ces hommes, contre ces femmes, contre ces pères et ces mères de famille. Ils font partie du genre humain ; ils sont nos frères comme tant d'autres. Un chrétien ne peut l'oublier. France, patrie bien-aimée qui portes dans toutes les consciences de tous tes enfants la tradition du respect de la personne humaine, France chevaleresque et généreuse, je n'en doute pas, tu n'es pas responsable de ces erreurs. Recevez, mes bien chers frères, l'assurance de mon affectueux dévouement.

Le grand rabbin Kaplan, de son côté, demande une audience au cardinal Gerlier. Il lui raconte la scène du 11 août à Perrache. Ce n'est pas la première fois qu'il entreprend cette démarche auprès des responsables ecclésiastiques. Le primat des Gaules est ému par le récit du rabbin. Il écrit à Pétain, son ami de longue date, qui a une grande estime pour lui. Dans cette lettre, Mgr Gerlier lui réclame de cesser les persécutions contre les Juifs. Elles sont une honte pour la France, pour toute l'humanité. Entre-temps, le cardinal Gerlier a reçu le pasteur Marc Boegner à l'archevêché. L'entretien est rapporté par ce dernier dans ses Mémoires : « Nous tombions d'accord sur l'impossibilité pour les Églises de garder le silence. Il fut entendu que chacun d'entre nous écrirait une lettre au chef de l'État. »

Le groupe de l'OSE, réuni dans la maison des Comte-Bellemin, au pied de la colline Saint-Just, mesure la tragédie qui se prépare avec la grande rafle planifiée par René Bousquet et le préfet Angeli. Il s'agit de réagir au plus vite. Certains seront prévenus à temps, ils auront un sursis, une nouvelle chance. Mais pour les autres ? Comment sauver les hommes détenus dans les Groupements de travailleurs étrangers ? Et les familles enregistrées auprès des mairies ? Des proies faciles. Très peu tenteront de s'évader, les autres, la majorité, seront pris au piège.

Grâce à Gilbert Lesage, qui transmet au groupe tous les renseignements utiles, ils savent que les raflés seront détenus dans le camp de Vénissieux, à quelques kilomètres de Lyon : un immense espace fermé par des murs d'enceinte, où s'alignent des bâtiments de brique sombre. L'idée du chef du Service social des étrangers est de faire sortir légalement le plus d'internés possible en jouant sur les listes d'exemptions régulièrement publiées. À l'intérieur du camp, une commission de « criblage » doit assurer le triage entre les individus envoyés à Drancy et ceux renvoyés chez eux. Gilbert Lesage est chargé de superviser le travail de la commission, à laquelle est associé l'abbé Glasberg, Juif converti et polyglotte, dont ils connaissent l'intelligence et la détermination à sauver des vies.

Pour le groupe de l'OSE, la question principale est celle des enfants. Comment faire pour les épargner, les sauver ? À l'intérieur du camp, il faudra de nombreuses assistantes sociales pour les soutenir. Des équipes volantes seront aussi nécessaires pour récupérer en urgence dans les consulats et les administrations les pièces justificatives qui pourraient faire défaut pour obtenir une exemption. On demandera à Marcelle Trillat, la responsable du bureau du Service social des étrangers de Lyon pour la zone non occupée, de mettre à leur disposition ce réseau d'assistance sociale. Denise Grunwald, sa collaboratrice, réfléchira à la mise en place de l'équipe volante.

L'Amitié chrétienne et l'Œuvre de secours aux enfants sont en constante relation pour trouver des solutions. Sans oublier Madeleine Barot, secrétaire générale de la Cimade, Comité intermouvements auprès des évacués, et Jacques Helbronner, le président du Consistoire central israélite de France.

Les questions logistiques à régler sont innombrables, la réunion du 21 août dure de longues heures. Ces femmes et ces hommes sont en train de mettre en place la seule grande opération collective de sauvetage jamais organisée dans un camp en France au cours de la Shoah. Elle est rendue possible par leur dévouement, bien sûr, mais aussi par tout le travail qu'ils ont effectué depuis l'invasion nazie. Travail de compréhension des méandres administratifs, de constitution de réseaux de personnes et de familles prêtes à aider, de liens entre les différentes organisations caritatives et d'entraide. Un travail d'humanisation pour lutter contre la déshumanisation en marche…

Tous bataillent pour améliorer le sort des Juifs étrangers, en particulier celui des enfants, pour qui les conditions d'internement sont encore plus insupportables. Dans le regard de Lili, de nouveau, on sent l'envie de se battre.

26 août 1942

Ordres et contrordres

5 heures du matin.

L'abbé Glasberg se passe un peu d'eau sur le visage. Il contient son émotion, mobilise ses forces, prêt à livrer un combat contre l'inacceptable. Il vient d'être informé que les rafles ont commencé. C'est Gilbert Lesage, l'homme à la double casquette, l'une officielle à Vichy, l'autre comme résistant protestant dans l'ombre, qui lui a passé un coup de fil. Il doit partir retrouver le père Chaillet et son secrétaire Jean-Marie Soutou, de l'Amitié chrétienne. Ce dernier est un homme courageux et parfois téméraire, qui, depuis le début de la guerre, s'est engagé dans la Résistance. Proche du philosophe Emmanuel Mounier et de la revue *Esprit*, il forme avec le père Chaillet et l'abbé Glasberg un trio uni dans la même volonté de sauver le plus de réfugiés possible. Avec ses yeux clairs, ses cheveux châtains, il se présente comme un homme posé et respectable, bonne mine qui lui permettra de réussir des actions osées.

Sur le bureau de l'abbé se trouve la lettre rédigée par les Mouvements de Résistance et adressée au préfet

Angeli. Elle a été reproduite dans un tract qui sera discrètement distribué dans les rues de Lyon.

Monsieur le Préfet,

Veuillez voir dans cette lettre l'expression de la pensée d'un nombre considérable de Lyonnais qui n'entendent point laisser faire impunément ce qu'on prépare.

Nous savons que, sur l'injonction des Allemands, Vichy vous a donné ordre de procéder le mercredi 26, à partir de 4 heures du matin, à une rafle monstre de malheureux réfugiés juifs étrangers, qui sont destinés à être déportés en Allemagne.

Nous savons que cet ordre révoltant, dont le Gouvernement lui-même a honte, vous a été donné par téléphone et confirmé par télégramme. Nous savons que la police de Lyon, qui n'est pas nazie mais française, répugne à livrer aux bourreaux du Reich de nouvelles victimes. Nous savons que vous en êtes réduit à vous occuper vous-même de l'établissement des listes de traqués.

Tout Lyon est déjà prévenu du déshonneur que l'on veut infliger aux fonctionnaires et aux policiers en les forçant à livrer aux Allemands des innocents, dont beaucoup sont engagés volontaires, légionnaires, mutilés. Tout Lyon est déjà prévenu du déshonneur à la pensée que vous vous jugez contraint d'appliquer d'ignobles consignes, dictées par l'occupant et qui, par exemple, font séparer, sans espoir de retour, des enfants et leurs mères.

Monsieur le Préfet, nous vous plaçons devant vos responsabilités de Français et d'homme. Vous n'avez pas le droit d'aller contre le sentiment profond et unanime de toute la ville, contre le dégoût manifesté par tous les collaborateurs et par la police. Vous n'avez pas le droit de prêter votre concours, de donner force de loi aux meutes de gangsters que les Allemands veulent introduire à Lyon. On vous en demandera compte, et croyez bien qu'il ne s'agit pas là de menaces, mais d'une simple prévision d'avenir.

Monsieur le Préfet, vous n'avez point juré fidélité à l'Allemagne ; votre serment de fonctionnaire ne vous force pas à trahir tout ce que les Français respectent : l'honneur, le droit d'asile, la pitié pour les faibles et les innocents, la générosité, la solidarité envers les étrangers qui furent des frères d'armes.

Pas un Français, pas un chrétien ne pardonnera à ceux qui auront été les exécutants apeurés ou complices de la barbarie allemande.

Monsieur le Préfet, nous comptons encore sur un sursaut de votre part. L'opinion, alertée par nous, veille. Nous espérons encore que la prochaine nuit de Lyon ne retentira pas, par votre faute, des cris, des sanglots, des appels des malheureux qu'on vous invite à livrer comme du bétail. Nous espérons qu'un préfet français ne se fera pas pourvoyeur de bagnes hitlériens.

Mercredi, Lyon saura si Monsieur le Préfet Angeli est français ou serviteur des boches.

Les Mouvements de Résistance

Le 5 août, un télégramme émanant du gouvernement de Vichy a été envoyé à tous les préfets pour préciser la liste des exemptions de déportation des Juifs étrangers visés par la grande rafle à venir. Tous les Juifs étrangers de certaines nationalités arrivés en France après le 1er janvier 1936 sont concernés par les nouvelles mesures de Vichy, à certaines exceptions près. Ces exceptions seront examinées au cas par cas par une commission de « criblage » qui siégera à l'intérieur du camp de transit. Les heureux élus qui auront échappé légalement à la déportation recevront alors un ordre de libération de la commission de criblage, signé par Claude Cornier, le chef de la division du service de police du bureau des étrangers du Rhône à Vichy. Ensuite, ils pourront quitter le camp. Pour les sauveteurs, il s'agira alors de ruser, de faire entrer un maximum de détenus dans les critères d'exemption, par exemple en falsifiant les dates de naissance ou d'entrée sur le territoire français…

La première circulaire détaillée et confidentielle, datée du 5 août, et adressée aux préfets par Henri Cado, conseiller d'État et adjoint de Bousquet au secrétariat de la police, pour préparer la grande rafle secrète de la zone libre, définissait les catégories de Juifs à arrêter et ceux qui pourraient être exemptés de déportation.

Sont désignés comme Juifs étrangers tous les Juifs allemands, autrichiens, tchécoslovaques, polonais, estoniens, lithuaniens, lettons, dantzicois, sarrois, soviétiques et réfugiés russes « entrés en France postérieurement au 1er janvier 1936, qu'ils soient incorporés dans un Groupement de travailleurs étrangers (GTE), placés dans un camp, dans un centre de résidence surveillée, ou qu'ils soient libres ».

Le télégramme du 5 août exempte de la déportation :

– les vieillards de plus de soixante ans ;

– les individus ayant servi dans l'armée française ou armée ex-alliée, ainsi que leurs familles – mesure ne s'appliquant pas à leurs prestataires ;

– ceux qui ont des enfants français ou un conjoint français ;

– ceux ayant un conjoint n'appartenant pas à l'une des nationalités ci-dessus énumérées ;

– ceux intransportables ;

– les femmes en état de grossesse ;

– les pères ou mères ayant un enfant de moins de cinq ans ;

– ceux dont les noms figurent sur la liste annexée, circulaire du 20 janvier 1941, et sur les listes annexes ;

– ceux qui ont un emploi important pour l'économie nationale ;

– ceux qui sont incorporés ou non dans un Groupement de travailleurs étrangers, qui semblent ne pouvoir quitter leur emploi sans préjudice grave pour l'économie nationale ;

– ceux qui se sont signalés par leurs travaux artistiques, littéraires ou scientifiques et enfin, ceux qui, à un autre titre, ont rendu des services signalés à notre pays.

Le télégramme spécifie que les individus bénéficiant des exemptions pourront, s'ils le désirent, suivre les membres de leur famille non exemptés. Surtout, un alinéa indique – et c'est crucial – que les enfants de moins de dix-huit ans non accompagnés peuvent rester en France[1].

---

1. Voir S. Klarsfeld, *Le Calendrier de la persécution des Juifs en France : 1940-1944*, FFDJF, 1993, p. 514. L'ouvrage a été réédité en 2019 en deux tomes.

Henri Cado demande aux préfets de constituer avant le 16 août la liste des partants, et leur précise qu'ils doivent empêcher toute émigration de Juifs déportables, même s'ils ont des visas de sortie. Les exemptions du télégramme du 5 août sont relativement larges, et quand, d'après ces critères, le nombre estimé de Juifs à rafler parvient à Vichy, René Bousquet, secrétaire général de la police du régime de Vichy, annule la plupart d'entre elles. Il veut à tout prix pouvoir répondre au nombre de Juifs que le gouvernement français s'est engagé par son entremise à livrer aux nazis.

Son télégramme du 18 août ordonne aux préfets de procéder le 26 août à l'arrestation de tous les « Israélites allemands, ex-autrichiens, polonais, dantzicois, sarrois, tchécoslovaques, estoniens, lithuaniens, lettons, soviétiques, réfugiés russes ». Dorénavant, seuls peuvent être exemptés de la déportation les Juifs étrangers de plus de soixante ans, les intransportables, les femmes enceintes, les parents d'enfants de moins de deux ans, ceux qui ont un conjoint ou un enfant français. Il précise également que tous les enfants de deux à dix-huit ans dont les parents entrent dans les critères d'arrestation sont donc désormais déportables…

Entre-temps, Gilbert Lesage, le 8 août, a demandé aux responsables de l'Amitié chrétienne de bien vouloir l'assister dans les opérations de tri à mener au camp de Vénissieux. Ils ont acquis la certitude qu'ils pourront sauver le plus d'internés possible, Gilbert Lesage les ayant informés du contenu des directives du 5 août. Il leur faudra être grands stratèges lorsqu'ils apprendront l'évolution défavorable de ces directives du 18 août… Mais quand et où en seront-ils informés ?

Le Service social des étrangers, dirigé par Gilbert Lesage, doit faire respecter des consignes de sécurité pour éviter les évasions et les intrusions au camp. Il est fait mention que les Juifs qui seront regroupés ne pourront ni bénéficier de permission ni recevoir de visites. Les internés seront autorisés à échanger des lettres avec l'extérieur sous la censure du chef de camp. Cette correspondance ne devra strictement contenir que des renseignements d'ordre familial, afin d'aider « à la liquidation des intérêts de ces étrangers en France ». Ce qui est l'annonce bouleversante d'un non-retour de ces familles. Le Service social des étrangers est aussi désigné pour « se charger des démarches pour le compte de ces individus » placés sous le contrôle du chef de camp.

Pour entreprendre cette tâche dans les différents centres de regroupement régionaux des Juifs arrêtés, comme au camp de Vénissieux, le Service social des étrangers peut demander l'appui et la collaboration d'œuvres d'assistance privées, ou encore ceux du Secours national et dc la Croix-Rouge. Les représentants de chacune de ces organisations sont, sauf objection du préfet régional, autorisés à s'installer dans les camps pendant la durée des opérations. Et à l'exception des représentants du Service social des étrangers, de la Croix-Rouge et du Secours national, les délégués de ces œuvres doivent demeurer au camp sans être habilités à en sortir, sauf motif grave, dont les préfets sont juges.

À cette date, et sous l'autorité bienveillante du grand rabbin Hirschler[1], l'ensemble des œuvres juives a opté en faveur de la participation de leurs équipes sociales au travail des différentes commissions de criblage. Elles ont toutes fini par se convaincre qu'elles pouvaient moralement prendre part à un tel travail, afin d'éviter que le nombre de Juifs livrés ne soit supérieur à dix mille, même si elles restent méfiantes à l'égard du Service social des étrangers qui, à leurs yeux, a œuvré comme un service auxiliaire de la police lors de la constitution des listes des personnes à arrêter.

C'est donc à Gilbert Lesage que l'on doit d'avoir ouvert les portes du camp à ces œuvres sous la couverture de l'Amitié chrétienne, et d'avoir permis également à certaines de participer à la commission de criblage du camp de Vénissieux, qui va être décisive.

---

1. Grand rabbin de Strasbourg et du Bas-Rhin, nommé aumônier général des camps d'internement.

Le camp

6 h 30.

Alors que l'abbé Glasberg franchit la porte de son presbytère, les forces de police et de gendarmerie, elles, continuent de se déployer dans les villes, les villages, les hameaux pour appréhender à leur domicile les Juifs étrangers réfugiés dans les dix départements de la région lyonnaise. Quelques jours plus tôt, les responsables de section ont reçu la consigne d'agir le plus discrètement possible, au petit matin, pour surprendre les traqués au saut du lit. Il leur a été recommandé de les interpeller avec « humanité mais fermeté », pour citer les termes de la note de service, mais aussi d'éviter tout débordement, de procéder aussitôt à des fouilles des personnes présentes, et de leur retirer couteaux et objets dangereux. Les autorités redoutent des actes de désespoir qui risqueraient de choquer le voisinage, des suicides ou des crises de nerfs.

« Pourquoi nous arrête-t-on ? » À cette question, les cadres de Vichy ont fourni aux forces de police et de gendarmerie une réponse toute faite : « On vous envoie dans les environs de Lublin, en Pologne, pour y former un État israélite. »

D'après les informations que l'abbé a obtenues par son réseau, la préfecture de la Région de Lyon prévoit pendant cette journée l'interpellation de deux mille à deux mille six cents Juifs étrangers. Glasberg espère que beaucoup d'entre eux, prévenus à temps, auront pu s'enfuir et trouver un refuge avant le déclenchement de la rafle. Dans la précipitation et la confusion de ces grandes opérations d'arrestations, certaines personnes seront sans doute embarquées par erreur, et il faudra les repérer et les sauver en priorité, sitôt leur arrivée dans le camp de Vénissieux. Comme tant d'autres cas susceptibles d'échapper à la déportation. Combien d'autocars attendus pour cette première journée, et à quel rythme ? Comment organiser la suite ? À la fin de cette journée déterminante, selon le comptage établi à l'intérieur du centre de triage de Vénissieux, il y aura une première estimation du nombre d'internés, et l'équipe de l'Amitié chrétienne pourra alors adapter sa stratégie.

L'abbé songe à l'alinéa inscrit tout en bas des onze exemptions du décret du 5 août. Cet alinéa qui autorise les enfants de moins de dix-huit ans « non accompagnés » à rester en France. Autrement dit, les parents internés avec leurs enfants au camp de Vénissieux pourraient partir seuls en confiant leurs enfants à des tiers. Glasberg a bien l'intention d'utiliser cette possibilité pour sauver les enfants qui se trouveront au camp. Et grâce à Gilbert Lesage, il dispose d'une information cruciale : l'instruction du 18 août annulant la faculté de laisser les enfants de moins de dix-huit ans en zone libre a été subtilisée et n'est pas parvenue à ceux qui organisent la commission de criblage du camp de Vénissieux. Les sauveteurs décideront, pour les protéger le plus longtemps possible, de faire passer les plus âgés pour des moins de seize ans.

7 heures.

Dans leur voiture – une Citroën noire prêtée par un riche industriel membre de l'Amitié chrétienne –, Jean-Marie Soutou et l'abbé Glasberg longent le mur de brique haut de quatre mètres qui encadre le camp de Vénissieux. L'enceinte est défendue par des gardes mobiles en patrouille, qui pointent leurs fusils sur la route. Jean-Marie Soutou serre le volant, roulant à vitesse constante, se méfiant d'une soudaine et brutale réaction des forces de l'ordre.

La Citroën ralentit devant le grand portail surveillé par un garde posté dans un mirador. Jean-Marie s'apprête à montrer les autorisations, lorsque soudain, les deux soldats debout à l'entrée présentent leurs armes, droits comme des i. Mais pourquoi tant d'honneurs ? s'interroge l'abbé. Le garde chargé des contrôles d'identité sort de sa guérite et, sans même leur jeter un regard, soulève la barrière et leur fait signe d'entrer.

Alors que Jean-Marie s'étonne de cet accueil inattendu, Alexandre Glasberg a une petite idée des raisons de l'absence de contrôle : la Citroën noire à roues jaunes ressemble étonnamment à la voiture du préfet Angeli. Une aubaine !

Les deux hommes descendent à l'angle d'une vaste place, autour de laquelle s'alignent les grands bâtiments en briques avec leurs toits en pente recouverts de tuiles. Leurs façades présentent de larges ouvertures sous la forme de châssis vitrés d'atelier. L'immense site de l'arsenal jouxte un dépôt de la SNCF, relié à une voie ferrée pour le transport du matériel.

À l'intérieur du camp, une compagnie de travailleurs indochinois s'affaire. Ils constituent l'équipe dite du personnel ordinaire du camp, chargée d'exécuter les principaux services de ravitaillement, de cuisine, de nettoyage. Ils appartiennent à la MOI (Main-d'œuvre indigène) et sont dirigés par un commandant colonial et son second. Depuis 1940, les travailleurs indochinois en France ont un statut de requis civils. Bien que soumis à une discipline militaire, ils dépendent du commissariat à la Lutte contre le chômage, rattaché au ministère du Travail. Dès que la France a été occupée par les nazis, ces employés des chantiers des aciéries du Nord qui participaient à la fabrication des ailes d'avion ont été évacués en zone libre, d'abord à Saint-Fons, dans l'ancienne caserne de pompiers, puis dans ce camp de Vénissieux qui la jouxte. La présence de ces Indochinois semblera bien étrange aux enfants qui franchiront dans quelques heures les portes du camp, et à certains adultes aussi. Un élément de bizarrerie dans un climat déjà pesant et incompréhensible. L'un d'entre eux, le jeune Pham Van-Nahn, interprète, se souvient que l'une des internées, une jolie jeune femme, s'était adressée à lui pour lui demander de réparer son talon qui venait juste de se déchirer, et qu'il était très fier d'avoir réussi.

La raison de la présence de l'abbé Glasberg, de Jean-Marie Soutou et des autres de l'Amitié chrétienne dans ce camp de Vénissieux, c'est la commission de criblage qui doit s'y dérouler. Le gouvernement de Vichy est très pointilleux sur les détails administratifs, et les cas de tous les internés qui pourraient entrer dans la catégorie des exemptés vont donc être étudiés de près. Il faut noter que cette manie administrative est particulièrement représentative du régime de Vichy. Des personnages comme Claude Cornier, le chef de la division du service de police du bureau des étrangers du Rhône à Vichy, qui signe les papiers d'exemption, sont très à cheval sur le droit, comme s'ils se réfugiaient derrière des raisons « objectives » pour ne pas réfléchir, au fond, à ce qu'ils accomplissent, un acte monstrueux. La forme prend le pas sur tout et détache des considérations humaines…

Gilbert Lesage s'efforce d'organiser au mieux ces commissions dans les différents camps, lui qui utilise tous les moyens légaux pour sauver le plus de personnes possible : il a bien compris où était la faiblesse du régime ! L'abbé Glasberg et le père Chaillet, en tant que représentants des œuvres sociales, vont siéger aux côtés de Lucien Marchais, intendant de police et représentant du préfet de Région Angeli. Travail d'équilibriste et de haute diplomatie. Il faut décortiquer tous les cas d'exemption possibles, négocier, convaincre, ménager les caractères, interpréter les instructions successives des différentes circulaires…

Dans le camp, un autre homme joue un rôle clé : celui qui fait office de médecin, Jean Adam, vingt-quatre ans. Sa tâche est très lourde, puisqu'il doit examiner tous les raflés qui présentent des pathologies et décider de leur sort : sont-ils déportables ou doivent-ils être exemptés et envoyés à l'hôpital ?

Jean Adam, né en 1918 dans le Pas-de-Calais, a entamé des études de médecine à Paris, études interrompues par la déclaration de guerre. Après s'être engagé puis enfui au moment de la débâcle pour ne pas être fait prisonnier, il s'est retrouvé à Roanne, placé à l'hôpital militaire alors jumelé à l'hôpital civil. Et comme les médecins étaient en sous-effectif, il a été enrôlé pour faire des visites, après seulement deux années d'études ! Puisqu'il lui était impossible de retourner dans son Pas-de-Calais natal, on lui a proposé un poste de médecin auxiliaire auprès des Indochinois. Le voilà embauché par la MOI (Main-d'œuvre indigène) et, au mois d'août 1942, un télégramme lui a donné l'ordre de se présenter au camp de Vénissieux. Le médecin en titre – un Alsacien expulsé, âgé de soixante-dix ans – avait décidé, en guise d'expression de sa réprobation, de démissionner. Et le second est parti en courant !

Jean Adam se retrouve donc seul aux commandes, une situation qui lui laisse une certaine latitude. Son jeune âge ne l'empêche pas de faire preuve d'une grande autorité dans son domaine, et d'imposer ses décisions médicales. Son bureau et l'infirmerie sont installés dans une baraque assez proche de celle où se réunira la commission de criblage. Grâce à cela, Gilbert Lesage entrera en contact avec lui, et tous deux pourront s'épauler. Jean Adam aura deux infirmières de la Croix-Rouge à sa disposition et quelques infirmières annamites.

Alors qu'il continue son tour du camp en compagnie de l'intendant de police Lucien Marchais, l'abbé Glasberg voit un autocar pénétrer entre les hauts murs. Le toit chargé de bagages, le véhicule stoppe quelques mètres devant eux, bondé de passagers aux visages apeurés. Le groupe des Indochinois se presse devant le réfectoire pour assister, de loin, à la scène.

Depuis les bureaux, à côté desquels sont garés quelques véhicules, un homme en noir se précipite devant l'autocar, les gestes nerveux, un air renfrogné, les yeux serrés, les lèvres fines comme une lame de rasoir. René Cussonac, le commissaire principal, antisémite notoire, remplit son rôle avec détermination et hostilité. Indifférent à l'attitude de l'homme, l'abbé se place devant la portière ouverte de l'autocar, de manière à assister au plus près à la descente des internés. Il observe avec bienveillance les visages : des femmes seules ou avec leurs enfants, mais également des vieillards, des adolescents. Ils sortent de l'autocar un à un, silencieux, sous la surveillance d'un second garde. En foulant le sol poussiéreux, ils jettent alentour des regards inquiets.

L'abbé met le plus d'humanité possible dans son regard, pour communiquer à ces malheureux toute son empathie. La tâche ne fait que commencer. Elle va être immense…

Justus

15 h 20.

L'autocar longe le mur d'enceinte du camp et freine devant une barrière. Un garde s'approche et échange quelques mots avec le chauffeur. C'est donc ici, la fin du voyage ? se demande Justus, angoissé, en sueur et la gorge sèche, crevant de soif. C'est quoi, cet endroit ? Il y a des gardes partout ! Bon sang, comment je vais faire pour m'échapper ?

Justus observe le camp dans lequel on vient de les déposer : des bâtiments en briques et tuiles alignés au cordeau, assez rapprochés, une herbe abîmée par la sécheresse et les piétinements, une esplanade dégagée avec le mât sur lequel est accroché le drapeau français, et toutes ces personnes qui errent parmi les baraques… Justus n'avait jamais vu d'Indochinois et cela ajoute à son sentiment d'étrangeté.

Depuis le matin, l'enchaînement des événements lui semble si irréel : dès 6 heures, les coups contre la porte de sa petite chambre, à Grenoble, qui l'ont arraché à son sommeil, les têtes des gendarmes venus l'appréhender, les unes fielleuses, les autres plutôt désolées ; ensuite, les supplications de Mme Damour, son plaidoyer pour défendre Justus, ce garçon si aimable. Sa protestation désespérée n'a eu aucun effet ; les gendarmes ont lancé un ordre sec et sans appel : « Justus Rosenberg, vous avez cinq minutes pour prendre vos affaires ! »

Hagard, Justus a plié quelques vêtements, a passé son peigne dans ses cheveux, puis est sorti dans le couloir, encadré par les gendarmes. Une fois sur le trottoir, il a été poussé dans un panier à salade et conduit à la caserne Bizanet, au centre-ville. Là, il s'est retrouvé au milieu d'une centaine d'internés, tous aussi déboussolés que lui, et a été enregistré. Il a vu quelques femmes enceintes être libérées, des vieillards aussi. On aurait dit que toutes les origines du monde étaient réunies là, chacun s'exprimant dans une langue différente, certains vêtus d'habits usés, d'autres en tenue chic, fiers ou accablés, craintifs ou bouleversés par la colère ou l'incompréhension. La plupart ont été dirigés sous les cris des gardes dans l'autocar, pour finir ici, devant les barrières du camp de Vénissieux. Lui, Justus, réfugié né à Dantzig, d'autres allemands, autrichiens, russes… tous arrivés en France après 1936, la date fatidique à partir de laquelle on est déporté.

Justus a posé sa valise au pied de ce qui va lui servir de lit, un rectangle de bois en guise de sommier, recouvert de paille. La chaleur est étouffante. Ils sont une vingtaine d'hommes de tous les âges dans cette baraque. Quelques-uns se tiennent immobiles, prostrés, le regard perdu. D'autres, au contraire, tournent en rond ou fouillent dans leurs affaires pour penser à autre chose, sans savoir vraiment ce qu'ils cherchent.

Certains s'attardent sur la photo d'un proche resté au pays ou exilé à l'étranger, ou tout simplement perdu sur le chemin de l'exode.

19 heures.

Une sirène retentit. Une tension immédiate s'empare des internés, une centaine à présent – il en arrive en permanence. Certains se redressent d'un coup sur leur châlit recouvert de paille et s'immobilisent, pétrifiés. Mon Dieu, ça y est, ils viennent nous chercher… On tambourine à la porte. Elle s'ouvre, et un garde surgit :

— C'est l'heure de la soupe ! Tous au réfectoire. Dépêchez-vous !

Plus tard, alors que la nuit est tombée, Justus, qui n'arrive pas à trouver le sommeil, sort du baraquement. Il s'installe dehors avec sa couverture, et est bientôt réveillé par un garde qui fait sa ronde.

— Que faites-vous là ?

— Oh, monsieur, je m'excuse…

Le garde est très surpris de l'entendre parler un français sans accent. Justus lui raconte son histoire et le brave homme essaie de le tranquilliser :

— Rentrez, ne vous en faites pas… Vous allez être envoyé dans un camp pour travailleurs, en Pologne.

Un camp de travail en Pologne ? Dans un pays encore plus antisémite que l'Allemagne ? Voilà qui est plutôt inquiétant ! Plus que jamais, Justus sait qu'il doit absolument trouver un moyen d'échapper à ce piège mortel… En rebroussant chemin, il longe la baraque qui sert d'infirmerie et croise une jeune fille, qu'il reconnaît : c'est la sœur d'un de ses amis de Lyon.

Elle est – était – étudiante en médecine. Aussitôt, il la questionne, bille en tête :

— Tu pourrais me donner une idée de maladie qui ne me fasse pas trop de mal, mais qui soit suffisamment grave pour que l'on me sorte du camp pour me faire soigner ?

— Il y a la péritonite, répond immédiatement la jeune fille.

— Explique.

— Une crise aiguë de l'inflammation de l'appendicite, qui nécessite une hospitalisation en urgence, sans quoi le patient risque la mort.

— Et quels sont les symptômes ?

— Fièvre, vomissements, et des douleurs insupportables au ventre.

Elle pose sa main sur le côté de l'abdomen pour lui indiquer la zone en question.

— Tu vois, c'est là. Le plus difficile pour simuler cette maladie, c'est sans doute les vomissements. Tu vas y arriver en te fourrant les doigts au fond de la bouche.

Premiers contacts

20 h 30.

Alors que Justus en est encore à manger sa soupe, une vingtaine d'internés attendent dans la salle de l'infirmerie, certains allongés sur des civières, d'autres affalés sur des chaises. On entend un gémissement au fond de la pièce. L'air brûlant en est oppressant.

Lili Tager, la jeune effrontée qui, le 11 novembre 1940, avait tiré la langue à un soldat allemand sur les Champs-Élysées, s'approche de l'infirmière de la Croix-Rouge, en compagnie d'un garçonnet dont le père vient d'être transporté en ambulance à l'hôpital Édouard-Herriot de Lyon. L'enfant est apeuré et déboussolé. Il sera mieux dans un environnement plus calme que celui des baraques surpeuplées.

Lili salue Jean Adam, le jeune médecin, puis traverse l'esplanade en direction d'une autre jeune assistante sociale qui lui fait signe de se dépêcher. Il s'agit de Madeleine Barot, la responsable de la Cimade, l'association d'aide aux réfugiés d'obédience protestante. Lili n'a pas encore eu l'occasion de beaucoup échanger avec la jeune trentenaire. Tout juste sait-elle qu'elle a étudié à la Sorbonne, a tenté l'agrégation d'histoire, a souvent voyagé en Italie et, dès septembre 1940, est intervenue au camp de Gurs, sans autorisation administrative, pour s'occuper de huit cents internés protestants, presque tous allemands.

Le camp de Gurs avait ouvert en mars 1939 pour accueillir les nombreux réfugiés espagnols pourchassés par Franco, ainsi que les membres des Brigades internationales. Mais à partir de septembre 1939 et le début de la guerre contre l'Allemagne nazie, les autorités françaises y ont progressivement interné les réfugiés allemands, devenus suspects. Pour Madeleine Barot et les siens, il était important alors de partager leur souffrance, à l'intérieur du camp de Gurs, puis de Rivesaltes, et de leur dire que les Français ne les oubliaient pas. Madeleine est une jeune femme progressiste, humaine, dévouée. Pendant ses années d'études, elle a été active au sein de la Fédération française des associations chrétiennes d'étudiants (« Fédé ») à Versailles. Cette expérience vouée aux rencontres internationales lui a inculqué le sens des responsabilités, un esprit d'ouverture, un goût pour le brassage des cultures.

Lili presse le pas pour rejoindre Madeleine. Le visage rond, les épaules fortes, les cheveux courts et bouclés, des lunettes sur le nez, celle-ci porte un collier de perles et une robe noire. Tout comme le docteur Adam peu avant, elle s'essuie le front et lui explique en marchant ce que le médecin vient d'endurer. En une seule nuit, il a dû faire face à vingt-six tentatives de suicide par pendaison, empoisonnement ou section des veines du poignet, tandis que d'autres détenus n'avaient même plus la force de quoi que ce soit et tombaient dans le désespoir. D'autres encore frôlaient la folie et étaient en proie à des crises de dépression, les femmes étant le plus touchées par ces symptômes.

Madeleine et Lili prennent la direction du réfectoire. Les sauveteurs ont choisi de s'y réunir en toute discrétion. Lili a hâte de retrouver Élisabeth Hirsch, de l'OSE, qui se trouve en ce moment au centre de triage du fort du Paillet, à Dardilly, au nord-ouest de Lyon. Des internés sont en transit là-bas pour un premier triage, avant d'être dirigés vers le camp de Vénissieux.

Dans une salle du baraquement sont réunis autour d'une grande table Gilbert Lesage, l'abbé Glasberg, Jean-Marie Soutou, Joseph Weill, Charles Lederman et Georges Garel. Lorsque Lili remarque la présence d'un gendarme, elle se raidit. L'homme en uniforme ôte les menottes à une adolescente. Puis, il s'adresse à Gilbert Lesage :

— Je vous confie Mlle Lotte Levy. Ma mission se termine ici.

Sitôt le gendarme hors de la salle, Charles se précipite auprès de Lotte pour lui demander si elle va bien. Il lui offre un grand verre d'eau. La jeune fille explique qu'elle a été arrêtée dans un café à Valence. On lui a tendu un piège.

— Il me vient une idée, lance soudain Gilbert Lesage. Au lieu d'enregistrer Mlle Lotte sur la liste des internés, pourquoi ne pas l'intégrer dans l'équipe des assistantes sociales ? Profitons de l'absence de René Cussonac. Marchais, lui, fait sa ronde dans le camp. Nos deux fonctionnaires n'y verront que du feu.

Lotte, à quinze ans, a l'air d'en avoir trois ou quatre de plus. Cette fonction va lui sauver la vie…

Gilbert Lesage se tourne vers l'abbé Glasberg et Jean-Marie Soutou. La réunion proprement dite peut commencer.

Les premières nouvelles des commissions de criblage qui ont déjà eu lieu sont encourageantes : soixante-deux actes de libération retenus sur cent vingt-quatre internés. Élisabeth Hirsch a effectué un travail exemplaire au fort du Paillet : quarante-six libérations sont imminentes et treize sont déjà effectives. Une dizaine de personnes ont été placées dans des maisons d'accueil en attendant la levée des scellés de leur appartement. Les autres se trouvent isolées dans une baraque du camp en attendant leur sortie.

Mais ce n'est que le début d'un travail colossal : plusieurs centaines de nouveaux raflés sont arrivés dans la journée, et on en attend encore de nombreux pour le lendemain.

Cette annonce jette un froid.

Gilbert Lesage reprend la parole, il se dit rassuré de l'arrivée le matin même de deux nouvelles recrues. Une femme a pu quitter son poste au bureau lyonnais du Service social d'aide aux émigrants pour rejoindre les rangs des sauveteurs et intégrer l'équipe volante des assistantes sociales. Leur rôle va être crucial : elles seront sans doute les seules autorisées à faire des allées et venues entre les différents bureaux des administrations et des œuvres sociales à Lyon et le camp de Vénissieux. C'est ce qui permet de récupérer de précieux justificatifs dans les consulats (actes de naissance, certificats de nationalité) pour compléter les demandes de libération proposées à la signature de Claude Cornier, ainsi que tout autre papier officiel pouvant prouver l'appartenance à l'une des catégories d'exemption.

La situation est tendue avec les autorités. Le commissaire Cussonac a piqué une colère noire quand il a appris les libérations du fort du Paillet. Cela pourrait le pousser à se venger. Le risque ? Qu'il vole les carnets des anciens combattants et d'autres papiers cruciaux, empêchant ainsi des libérations… Le danger avec les fonctionnaires trop zélés, c'est qu'ils veulent absolument remplir les quotas fixés par Vichy. Et pour l'instant, ils sont loin du compte…

Charles Lederman prend la parole. Il répercute le mot d'ordre du docteur Joseph Weill : « Les enfants, dehors ! » C'est la priorité de cet homme, qui a vu les ravages de l'internement sur les petits au camp de Rivesaltes. Malgré tous leurs efforts, à Joseph Weill et lui, pour mettre en place de quoi prendre soin d'eux, tant sont morts faute de soins, dans une détresse morale et physique insupportable. Il faut absolument les faire sortir du camp ! Pour cela, l'alinéa du télégramme du 5 août peut être utilisé : la possibilité pour les parents de laisser leurs enfants sur place. C'est sur cela qu'il faut insister, persuader chacun des parents. Et il faut mettre en place ce qui permettra de sauver ces enfants, de les cacher après leur sortie du camp, car il est évident que cette exfiltration ne sera pas une fin en soi.

L'opération se fera en plusieurs temps.

Tôt dans la matinée, Lederman est passé dans un ancien couvent, montée des Carmélites, à Lyon, qui sert de local œcuménique, notamment aux scouts israélites. Ces derniers sont mobilisés depuis la mi-août en vue de l'opération : ils ont terminé de préparer le dortoir pour recevoir des enfants, et seront présents pour les encadrer à la sortie du camp.

De là, on les enverra dans les familles d'accueil. Certaines sont déjà prévenues. Les scouts continuent leurs démarches pour convaincre le plus de gens possible, à Lyon, mais aussi dans les alentours, du côté de Villeurbanne, des monts d'Or… Le pasteur Roland de Pury, résistant actif, un grand ami de Charles Lederman, qui officie rue Lanterne dans le 1er arrondissement de Lyon, lui a assuré qu'il allait mettre à sa disposition l'une de ses filières pour diriger une partie des enfants rescapés vers des foyers, puis les acheminer vers la Suisse. L'abbé Glasberg, lui aussi, active tous ses réseaux.

Et Lili Tager, en compagnie des autres assistantes sociales de l'Œuvre de secours aux enfants, parcourt les baraques pour réunir le plus de renseignements possible. Il s'agit de savoir si les familles ont des contacts, des parents susceptibles de recueillir les enfants. Certains ont de la famille arrivée en France avant 1936, d'autres ont rencontré des personnes prêtes à les aider avant d'être arrêtées, et avec lesquelles il faut prendre contact. Ce sont de braves gens qui ont le cœur sur la main et détestent l'occupant allemand – ennemi juré des Français depuis 1914.

Mais la partie la plus difficile les attend encore : convaincre les mères – et les pères – de laisser leurs enfants, de les abandonner… pour les sauver. Les familles sont déjà en état de choc et certaines d'entre elles peuvent encore être exemptées avec leurs enfants. C'est pourquoi ils vont concentrer leurs efforts sur ces cas. Quand tout aura été tenté, ils passeront à la dernière solution… Le lendemain, en principe, des autocars en provenance des Groupements de travailleurs étrangers arriveront au camp de Vénissieux. Ils déposeront les pères sur la grande place, qui seront aussitôt dirigés dans les baraques. Quand les familles seront réunies, les choses seront plus claires et ce sera le moment de parler aux parents.

Il faut aussi prévoir un moyen de transport pour les internés extirpés des griffes du camp : il faudra les exfiltrer au plus vite pour éviter les retournements de situation. Les sauveteurs ont pris contact avec les chefs des syndicats de cheminots, résistants, qui vont mettre à leur disposition au moins deux autocars. Ils seront stationnés dans un coin caché à l'extérieur du camp, et on y fera monter les enfants au moment opportun.

Ça dépendra des ordres de Vichy reçus au camp pour l'évacuation des déportés, précise Gilbert Lesage. On surveillera le moment propice, quand les parents quitteront le camp en autocar pour la gare de Saint-Priest. On se tiendra prêts…

Les sauveteurs se séparent. Chacun va retourner à sa tâche. Lili suit machinalement des yeux la voiture de Jean-Marie Soutou tandis qu'elle s'éloigne. Lorsque celle-ci s'arrête devant l'infirmerie pour prendre au passage l'abbé Glasberg, qui s'y est rendu en compagnie de Georges Garel, Lili aperçoit une femme qui se glisse sous la banquette du véhicule ! Georges pose une couverture sur elle, puis il ouvre le coffre arrière à l'intérieur duquel se jette un jeune homme. Jean-Marie Soutou démarre tranquillement et dirige le véhicule vers la barrière. Les gardes le saluent, comme le matin lors de son arrivée. La ruse de la voiture a fonctionné. Deux vies sauvées de plus…

Lili et Madeleine repartent vers les baraques. Le jour tombe à peine, il faut accélérer les visites des internés dans la chaleur très dense de ce début de nuit d'été.

Madeleine pousse une porte : des femmes et des enfants se tiennent le long des châlits, tantôt assis par terre, tantôt debout, ou encore allongés sur les rectangles de paille. Tout près, un jeune garçon remue le buste d'avant en arrière de façon mécanique, les yeux dans le vide, il se frappe le thorax. Penchée sur son épaule, sa mère tente de le raisonner en lui parlant à l'oreille.

Lili distribue des rations d'eau dans les récipients en fer. Une femme d'une quarantaine d'années se précipite vers elle. C'est Eva Fixler. La police les a arrêtées, elle et ses quatre petites, sans rien vouloir entendre. Le fonctionnaire l'a inscrite sur les registres comme étant de nationalité tchécoslovaque, alors qu'elle est née en Roumanie en 1905 et qu'elle est de nationalité hongroise. Elle insiste auprès de Lili : elle n'est pas concernée par les ordres d'arrestation, puisqu'elle ne fait pas partie des ressortissants des pays désignés par les circulaires !

Eva Fixler est là avec ses fillettes : Hélène, l'aînée, qui a neuf ans, Sarah, huit ans, Esther, six ans, et Isabelle, la dernière, quatre ans. Son mari s'est enfui en sautant par la fenêtre quand les gendarmes sont arrivés dans le village de Savoie où la famille était réfugiée. Lili tente de la rassurer : les responsables vont contacter le consul royal de Hongrie pour les sortir de là.

Soudain, quelques notes de musique s'élèvent, comme la plainte d'un archet sur les cordes d'un instrument. Une jeune fille est assise sur une valise, une boîte noire et un imperméable posés sur les genoux. Rachel, la fille de Zelman, joue délicatement de son violon, sous le regard ébahi des quatre enfants autour d'elle : Anna Szrajbe et son frère Jules, Hélène Raychmann et Jean Baumel.

Leurs mères se tiennent sur les châlits au-dessus, elles aussi regardent la musicienne avec émotion. La voix chargée de mélancolie, Scyfra Raychmann, la mère d'Hélène, raconte leur arrestation dans le village de Saint-Sauveur-de-Montagut, au sud de Lyon, en Ardèche. Comme elle ne parle pas bien le français, c'est Anna, dix-sept ans, qui sert d'interprète. Les larmes coulent sur les joues de Scyfra à l'évocation de ce village situé sur les bords de l'Eyrieux, où ils ont vécu la période la plus heureuse de leur vie en France, après leur exode de Belgique. En terminant son récit, elle supplie Lili et Madeleine de faire en sorte que les enfants retournent à Saint-Sauveur-de-Montagut, où il y a des familles au cœur immense, comme les époux Faure, Merland, Ranc, Frachon, et bien d'autres. On les a tant aimés, dans ce village…

Madeleine, très émue, se présente à chacune de ces mères pour noter les renseignements, dates de naissance, noms des tuteurs ou des proches à contacter, en France comme à l'étranger.

Chaja Sura Diament divorcée Wolfowicz et sa petite Diana, huit ans et demi, se trouvent dans la baraque 3. La petite est née en Belgique, et sa mère à Varsovie. Le père de Diana a émigré en Palestine. Contraintes de fuir la Belgique, elles ont dans un premier temps trouvé refuge chez des cousins, la famille Einhorn, à Castelnau-le-Lez, près de Montpellier ; puis, elles ont été contraintes de vivre en résidence surveillée à Viviers-sur-Rhône, en Ardèche. Chaja Sura n'a qu'une idée en tête : sauver sa fille des griffes des nazis et de Vichy. Elle est prête à la laisser derrière elle et se confie à Madeleine et Lili. Son cœur est brisé, mais elle a encore de l'espoir pour sa petite. Sa famille aux États-Unis, les Diamond[1], qui n'a cessé d'entreprendre des démarches pour les sauver et les accueillir, et M. Allignol, qui les a tant secourues à Viviers-sur-Rhône jusqu'à leur arrestation et à qui elle a confié ses bijoux, peuvent être d'une aide précieuse pour son enfant. Elle écrit une lettre à M. Allignol :

Camp des TRAVAILLEURS indochinois,
VÉNISSIEUX, bloc 3
27 août 1942

Cher monsieur ALLIGNOL,
Je suis très triste et bien désespérée, demain, une commission spéciale[2] *doit examiner chaque cas, mais d'après ce que l'on dit, j'ai toutes les chances d'être refoulée, quoique la chose ne soit pas encore décidée. On me conseille de laisser Diane ici, dans un internat*

1. Nom américanisé de « Diament ».
2. Il s'agit de la commission de criblage.

sous la protection de l'Amitié chrétienne. Que faire ? Connaissant votre amour paternel ainsi que votre intelligence, je vous supplie, conseillez-moi.
Il me semble que je sois déjà folle, et c'est pour cela qu'il m'est impossible de vous écrire davantage ; je vous remercie pour tout. Je vous envoie, ainsi qu'à madame Allignol, mesdames COMBE et monsieur FONS, mes salutations les plus distinguées.

Votre M. DIAMENT.[1]

Ayez la bonté de demander s'il y a du courrier pour moi. Dans l'affirmative, ayez la bonté de le faire suivre.
Encore une fois, merci.

Lili et Madeleine continuent la tournée des baraques jusque tard dans la nuit, recueillant les renseignements indispensables à la commission de criblage qui reprendra ses travaux dès le lendemain matin…

1. D'après une copie de la lettre datée du 27 août 1942 certifiée conforme à l'originale. Mairie de Viviers, le 21 janvier 1946. (Voir la reproduction de cette lettre dans le cahier hors texte.)

27 août 1942

L’arrivée des hommes

9 h 30.

Cachée à l’angle d’un bâtiment qui donne sur la grande place, Rachel surveille la barrière à l’entrée principale du camp. Un moteur se fait entendre. Encore des véhicules qui arrivent. Depuis la veille, elle guette toutes les entrées dans le camp dans l’espoir de voir son père qui, prisonnier d’un Groupement de travailleurs étrangers, devrait logiquement transiter par le camp de Vénissieux. C’est en tout cas ce qu’on lui a dit dans les baraques, et elle s’accroche à cet espoir de revoir son père.

Ce ne sont pas des cars, comme d’habitude, mais des camions bâchés qui entrent dans le camp. Des hommes, en rangs serrés, sont débarqués. Ils ont des menottes, et Rachel aperçoit une miche de pain qu’ils tiennent coincée entre leur ventre et leurs poignets. Ils longent les barbelés. En apercevant les femmes et les enfants qui les scrutent dans l’espoir de reconnaître l’un des leurs, certains crient. Ils appellent leurs enfants, lancent des prénoms, et hurlent : « Dites à vos mères de vous faire rester en France à tout prix ! » Sortis de camps, ils savent que ce qui les attend est terrible.

Rachel les rattrape et se place à leur hauteur, de l'autre côté de la clôture. Enfin, elle aperçoit son père ! Tout en longeant la clôture, elle ne le quitte pas des yeux. Quand Zelman la remarque, ils échangent un long regard. Rachel sent une tension la quitter, qui tordait son estomac depuis son arrivée dans le camp. Empêchée de les suivre plus loin, elle observe leur progression et repère la baraque dans laquelle on les fait entrer.

Comment réussir à l'approcher, à lui parler ?

Zelman veut tout faire pour tirer sa fille de là. Il a entendu dire que la Croix-Rouge allait sortir les enfants du camp, mais que ceux-ci devaient avoir de la famille prête à les recevoir. Il a un frère et une sœur en Argentine, il va transmettre leur adresse. C'est aussi une excellente excuse pour revoir sa fille : ils vont se retrouver dans le bureau de la Croix-Rouge. Zelman se démène tant qu'il obtient la rencontre…

Le local est de taille modeste, comprenant d'un côté une première table et des armoires réservées aux représentants de la Croix-Rouge et, de l'autre, celles du Service social d'aide aux émigrants, où se réunissent les assistantes sociales de l'équipe volante, notamment Denise Grunwald. Ce sont elles qui organisent auprès des administrations la récupération des pièces manquantes pour les demandes de libération initiées par la commission de criblage. Ici passent aussi ceux qui tentent de plaider leur cause, comme Lise-Lotte Nussbaum, qui se trouvait en compagnie du docteur Cohen et de son épouse dans une maison pour enfants à Saint-Cergues, une petite commune de Haute-Savoie située près d'Annemasse.

Lise-Lotte a d'abord quitté l'Allemagne avec son petit frère, dans un groupe de *Kindertransport*, après la Nuit de cristal du 9 novembre 1938. Cette nuit-là, les forces hitlériennes pillent les appartements des Juifs, brisent les devantures de leurs magasins, les synagogues sont incendiées… À leur arrivée en Belgique, tous deux sont pris en charge par la Croix-Rouge suisse puis, devant l'avancée des nazis, sont évacués vers la France et conduits au château de la Hille, à Montégut-Plantaurel, en Ariège. En mai 1942, Lise-Lotte est conduite au home de Saint-Cergues. Construit dans les années trente par des antifascistes italiens, ce home, dirigé par Germaine Hommel, accueille en grande partie des enfants non juifs arrivant de la zone occupée par les Allemands. Le docteur Cohen en est le médecin, son épouse s'occupe de la lingerie et de la réserve de vêtements. Jusqu'à son arrestation, Lise-Lotte avait la responsabilité d'un groupe de petits et prenait soin d'eux pour les jeux, les devoirs, l'hygiène et les repas. Ils restaient toujours très prudents lorsqu'ils devaient se déplacer, par exemple pour accompagner les enfants à l'école communale de Saint-Cergues.

Le 26 août, ils ont fait une grande excursion avec les enfants au lac d'Annecy, et sont rentrés fourbus mais joyeux. La journée avait été si vivante. La nuit, vers 4 heures, Germaine, en pleurs, est venue réveiller Lise-Lotte, le docteur Cohen et son épouse. Les gendarmes étaient en bas, ils avaient ordre de les arrêter comme Juifs et de les conduire au camp de Vénissieux…

La rencontre entre Rachel et son père est de courte durée. Juste le temps pour Zelman de transmettre cette adresse et de donner les derniers conseils et marques d'affection à sa fille. Il a retrouvé au camp une famille qu'il connaît de Charleroi. Rachel devra rester avec eux, coûte que coûte. Elle ne le quitte pas des yeux. Depuis leur départ de Belgique, son père est un rempart contre les bouleversements, la violence, les injustices. Elle l'admire et se sent en sécurité avec lui. Mais là, elle le devine abattu, malgré les efforts qu'il fait pour ne rien laisser paraître.

Alors qu'ils quittent tous deux le bureau, Rachel remarque que son père avance avec lenteur. Serait-il malade ? Mais non, elle le comprend enfin, il cherche à étirer le temps qu'il leur reste, à faire durer cet ultime moment. Ce trajet sera leur dernière marche côte à côte. Bientôt, Zelman disparaîtra dans la nuit et le brouillard…

L'infirmerie

Midi.

Justus est allongé dans un des lits de l'infirmerie et s'efforce de garder un visage crispé, comme sous l'effet d'une douleur intense. La veille au soir, il s'est fait bien expliquer par la sœur de son ami quels étaient les symptômes de la péritonite. Il s'est fait vomir plusieurs fois et s'est tellement tordu de douleur, par terre, qu'on l'a conduit d'urgence à l'infirmerie.

Les brancardiers ont déposé Justus au milieu des autres malades, si nombreux que médecin et infirmières s'affairent sans relâche. On lui a mis dans la bouche un thermomètre, dont il va faire monter artificiellement la température, comme lorsqu'il était enfant. Justus aperçoit un homme en blouse blanche, sans doute le médecin du camp, occupé à ausculter une femme. Derrière son visage en apparence inexpressif, il perçoit une grande tension. Cet homme est à peine plus âgé que lui.

Quand il ausculte le jeune Justus, qui mime de manière très convaincante sa pathologie, le docteur Adam sait qu'il va encore user de ses prérogatives. Au bout d'un moment, il se tourne vers ses infirmières et déclare :

— Nous avons ici un cas urgent. Vite, il faut appeler l'ambulance !

Puis, il se penche de nouveau vers Justus :

— Je vais immédiatement formuler une demande d'hospitalisation auprès de mon supérieur à Vichy. Vous allez être évacué le plus vite possible.

Justus se retient de sourire. Il faut jouer le jeu jusqu'au bout. Mais quel bon acteur il fait ! Il ne sait pas encore que le docteur Adam, résistant, n'est pas dupe de son manège mais qu'il est entré dans son jeu… Une fois qu'il sera à l'hôpital, il lui faudra trouver un moyen de s'évader avant que la police de Vichy ne le prenne de nouveau en chasse.

Le docteur se dirige ensuite vers une jeune femme qui vient d'être placée par une assistante sociale sur le lit à côté de Justus. Il consulte rapidement sa fiche, puis ausculte sa nouvelle patiente. Justus relâche la tension pour écouter leur conversation. La jeune femme, Irma Goldberg, supplie le médecin de lui fournir un poison quelconque pour échapper à la déportation. Elle est au désespoir et le jeune docteur lui parle avec une grande douceur. Il va lui donner une dose infime de poison, juste de quoi la rendre assez malade pour la garder près de lui au moment du départ des autres internés, puis il trouvera une solution pour la faire hospitaliser.

Irma se relâche un peu et accepte avec reconnaissance cette proposition. D'autres suivront, qui seront sauvés de cette manière…

Deux hommes entrent dans le local avec une civière. Le docteur Adam leur fait signe. Justus va être évacué immédiatement vers l'hôpital. Lorsqu'il sent l'ambulance passer les portes du camp, il ferme les yeux et souffle intérieurement. Le voilà dehors ! Mais il n'est pas, pour autant, au bout de ses peines…

Criblage

À présent, près d'un millier d'internés se rongent les sangs dans les baraques. Au fil de la journée, des autocars déposent les derniers raflés, tandis que d'autres repartent avec les quelques hommes et femmes qui sont parvenus à faire valoir leur droit devant la commission de criblage.

Alors que l'abbé Glasberg rassemble ses idées avant de retourner dans la salle où se tient cette commission, il aperçoit une Citroën qui franchit la barrière du camp. Le garde dans la guérite salue le chauffeur à son passage, toujours certain qu'il s'agit du véhicule du préfet Angeli. La voiture s'arrête devant les bureaux. Deux hommes en sortent : Jean-Marie Soutou et le père jésuite Pierre Chaillet, en soutane et la tête protégée de son chapeau noir, une sacoche à la main. L'abbé hâte le pas pour les rejoindre. Les deux hommes d'Église se saluent d'une brève mais intense poignée de main.

Alerté par les claquements des portières, l'intendant de police Lucien Marchais sort de la baraque, accompagné de Claude Cornier, le chef du bureau des étrangers, l'homme qui signe les exemptions. La présence de Pierre

Chaillet, père jésuite de très grande réputation, lui fait redresser instinctivement le menton. Élisabeth Hirsch et Charles Lederman paraissent également à l'entrée du bureau pour accueillir le père Chaillet.

L'abbé prend la parole et s'adresse à l'intendant :

— Le père Chaillet a des documents importants à nous remettre. Nous reprendrons notre réunion dans un petit moment, si vous êtes d'accord…

— Accordé. Mais faites vite, je dois retrouver le préfet en fin de soirée.

— Nous ferons au mieux.

Les sauveteurs se réfugient dans leur bureau, où se trouvent déjà Joseph Weill, Lili et celui qu'elle aime tant, Georges Garel.

Gilbert Lesage consulte son carnet de notes et annonce :

— Nous avons obtenu deux cent quatorze libérations.

Le père Chaillet plonge sa main dans sa sacoche pour en sortir des trésors : certificats de nationalité, actes de naissance, fausses cartes d'identité… autant de sésames pour consolider les demandes de libération.

— Nos contacts ont récupéré les tampons dans les mairies et les préfectures, précise-t-il. Au bureau lyonnais de l'Amitié chrétienne, tous sont sur le pied de guerre, en lien permanent avec Denise Grunwald pour obtenir au sein des administrations les justificatifs demandés.

Le père Chaillet se lève, remet son chapeau.

— Bon… Jean-Marie, je vous prie, ramenez-moi à Lyon, au bureau de l'Amitié chrétienne. Nous avons encore beaucoup de choses à régler. Et puis, je dois tenir informé le cardinal Gerlier.

L'abbé fait signe à Pierre Chaillet et Jean-Marie, tous deux prêts à partir. Il vient d'apercevoir au fond de la salle un jeune homme assis sur une chaise, statufié dans un silence résigné.

— Attendez ! Faisons quelque chose pour lui, dit-il avec un clin d'œil. Personne ne sait qu'il est dans notre bureau. Alors, cachons-le dans le coffre de votre auto !

Peu après le départ de la Citroën avec son passager clandestin, Claude Cornier épluche les demandes de libération présentées par Lesage et Glasberg. Le fonctionnaire vérifie avec une minutie d'horloger les réponses apportées dans les questionnaires remplis par les membres de la commission, la présence des justificatifs administratifs et leur validité, leur parfaite conformité avec les critères des exemptions édictés par les services de Vichy. C'est un homme très tatillon – la manie de l'administration, comme Lesage et Glasberg ont déjà pu le constater.

Les assistantes sociales, Lili Tager, Denise Grunwald, Madeleine Barot ou Élisabeth Hirsch, Hélène Lévy et d'autres se relaient pour aller chercher les internés dans les baraques, les calmer et les accompagner dans le local, afin qu'ils complètent les questionnaires. Chaque cas est l'occasion d'une plaidoirie pour l'abbé Glasberg, qui bataille avec beaucoup d'opiniâtreté.

Le cas de deux sœurs, Maria et Ruth Goldberg, les retient un moment. Elles ont été arrêtées à Décines, un village de l'Isère où se trouvaient aussi d'autres membres de leur famille, tous arrivés en France en 1933, avant la date butoir de 1936. Selon les critères de l'administration, ces internées devraient donc être libérées. Mais l'intendant de police tique. D'après le rapport des gendarmes, Seinwel Goldberg, le père de Maria et Ruth, n'était pas à son domicile quand les gendarmes se sont présentés. On sait pourtant de source sûre qu'il a passé la nuit chez lui, aux côtés de sa femme et ses enfants. Il a dû s'évader au petit matin.

L'abbé feuillette son dossier pour gagner du temps, tandis qu'il réfléchit à toute vitesse. L'évasion de Seinwel Goldberg, même avérée, ne devrait pas bloquer la libération de ses deux filles. Mais une nouvelle difficulté surgit : Maria et Ruth sont passées en zone libre de manière frauduleuse en juillet 1942, acte répréhensible aux yeux de la loi. Ce qui n'est pas le cas des autres membres de la famille. L'ordre de libération sera signé pour ces derniers…

L'arrivée en France de Maria, réfugiée de Pologne avec ses parents, est marquée par un drame : tombée enceinte en 1939, contrainte par son père de quitter son fiancé, elle se voit réduite à un statut de « fille mère », dégradant à cette époque. Pour échapper aux jugements des proches et du voisinage, ses parents l'envoient en province le temps de sa grossesse. Elle revient cependant à Paris pour accoucher dans un hôpital de bonnes sœurs. En mai 1942, lorsque les rafles et l'internement des Juifs se multiplient, son père s'enfuit de Paris et s'installe à Décines, en zone non occupée. Il laisse son épouse et ses deux filles dans la capitale, prétextant que les femmes juives ne seront pas inquiétées par les nazis et leurs complices. Manœuvre indélicate pour rester seul loin de sa famille avec sa jeune maîtresse. Les deux sœurs décident de le rejoindre, et sont contrôlées alors qu'elles franchissent la ligne de démarcation sans autorisation. Elles sont finalement relâchées, mais fichées : voilà comment leur entrée illégale en zone libre figure désormais dans le rapport de police que Cornier a sous les yeux.

Les deux sœurs n'obtiendront pas gain de cause devant la commission. Maria laisse derrière elle son fils, Serge, en nourrice. Mais que se passera-t-il si elle ne peut plus payer la pension du petit ? La jeune femme se tord les mains en tentant d'expliquer sa situation à ce fonctionnaire impassible, qui se contente de lui rappeler qu'elle a commis un acte répréhensible. Comment pourrait-elle laisser son petit Serge derrière elle, sans personne pour s'en occuper ? Les témoins de cette scène en ont l'estomac serré. Il ne faut pas s'énerver, pas crier, au risque de tendre plus encore la situation. Mais comment garder son sang-froid devant de tels arguments ?

Parmi les dizaines de cas évoqués, un autre est poignant – mais ils le sont tous ! Certains internés, anciens combattants, étaient engagés volontaires. C'est notamment le cas d'Erich Altmann. Alerté de la menace d'une rafle imminente, Erich s'est rendu à la préfecture de Saint-Étienne avec ses camarades, anciens combattants eux aussi, pour défendre leur cause auprès de l'administration de Vichy. Un des fonctionnaires l'a rassuré : il était impossible que les forces de l'ordre livrent aux nazis quelqu'un ayant porté l'uniforme français et combattu avant la Seconde Guerre mondiale. Erich est reparti le cœur léger avec ses compagnons d'armes. Mais le lendemain, à 5 heures, tous ont été arrêtés et transférés au camp de Vénissieux.

Au matin du 27 août, un télégramme envoyé par l'Union des anciens combattants volontaires l'a averti de l'émission d'un ordre de libération immédiate. Pourtant, une fois devant la commission, coup de massue. Il manque une pièce essentielle au dossier : le certificat d'ancien combattant. L'abbé Glasberg est atterré. Il a lui-même recueilli le document pour le joindre à la demande de libération. Et ce n'est pas le seul exemple de disparition d'une pièce maîtresse d'un dossier ; à croire que certains esprits malveillants sont à l'œuvre. Il va falloir faire des pieds et des mains pour obtenir auprès de l'Union des anciens combattants volontaires un duplicata du précieux sésame.

Et les cas se succèdent. Les internés sont de plus en plus nombreux, il faudra travailler toute la nuit pour venir à bout des dossiers. Pas question de lâcher du lest sur le moindre d'entre eux. Les traits se creusent, mais l'énergie du désespoir les porte tous.

28 août 1942

Tractations

10 heures.

Les moteurs des autocars continuent de gronder sur la place. Pas loin de mille internés attendent à présent dans les baraques, en proie à un extrême désespoir. La chaleur assommante montée d'un cran a ralenti tous leurs gestes. Une toile de fortune a été installée devant l'infirmerie bondée, créant un coin d'ombre pour les malades trop nombreux. Le docteur Adam et ses équipes d'infirmières ont travaillé la nuit durant, se relayant après de courtes périodes de sommeil.

Lili Tager s'est effondrée sur sa paillasse vers 3 heures, à bout de forces. Au réveil, elle a vu l'abbé Glasberg, infatigable, toujours penché sur les dossiers pour la commission de criblage.

Élisabeth Hirsch et Madeleine Barot arrivent ensemble. Puis, c'est le tour de Georges Garel, dont la simple présence redonne toute son énergie à Lili. Peu après, tous les deux accompagnent Eva Fixler, la maman hongroise, et non tchécoslovaque, arrêtée avec ses quatre filles, dans le bureau de l'intendant : Lili tient dans ses bras Isabelle, quatre ans, la petite dernière de cette famille prise dans la nasse d'une tragique erreur administrative. Georges, lui, porte Esther et Sarah, tandis que l'aînée, Hélène, neuf ans, serre la main de sa mère, qu'elle ne lâche pas d'une semelle.

Dans le bureau de la commission, un homme d'une quarantaine d'années la dévisage. Il s'agit du consul royal de Hongrie, assis à côté de l'abbé Glasberg et du rabbin Robert Brunschwig, l'aumônier arrivé en début d'après-midi.

Lucien Marchais s'installe de l'autre côté du bureau. Jean-Marie Soutou, qui a accueilli le consul avec Denise Grunwald, repère la sacoche de l'intendant posée sur une chaise dans un coin de la pièce. Intrigué, il remarque une liasse de papiers griffonnés qui dépasse du rabat en cuir. Un peu plus tôt, il a surpris l'intendant au téléphone avec cette même liasse de papiers entre les mains, qu'il était en train de noircir. A-t-il reçu des ordres secrets de Vichy ?

Alors que l'abbé invite Eva à prendre place à côté du rabbin, elle lui demande, en yiddish, de bien vouloir prier pour les siens. Les familles déboussolées ont confiance dans ce curé qui connaît leur langue.

Le consul de Hongrie prend la parole :

— Votre collaboratrice, Mme Grunwald, m'a apporté cette lettre de Mme Eva Fixler. J'ai été très touché par sa situation. Nous avons vérifié, et je puis vous affirmer que cette dame est bien de nationalité hongroise et non tchécoslovaque, comme cela est mentionné dans votre registre.

— Vous voyez, reprend aussitôt Glasberg, Mme Fixler et ses quatre petites filles doivent être libérées. L'arrestation des réfugiés d'origine hongroise ne figure pas dans les demandes de Vichy. Nous sommes d'accord, n'est-ce pas ?

L'intendant se défausse :

— En principe, oui. Mais vous verrez ça avec Cornier.

Le consul a apporté une copie des extraits de naissance d'Eva Fixler et de son mari. Il a également un titre de voyage établi pour permettre à la famille de partir pour Cuba – le voyage était prévu le 5 mai 1942, mais Vichy a refusé de les laisser quitter le territoire. Grâce à tous ces documents, la libération d'Eva Fixler et de ses filles ne devrait pas poser de problème, les représentants de Vichy l'assurent au consul. Les papiers ne sont pas signés pour autant…

Quand le consul reviendra, le lendemain, Eva Fixler sera montée dans un train, séparée de ses quatre filles. Plus personne n'aura de ses nouvelles.

Midi.

Tout le monde est exténué par ces négociations constantes, opiniâtres, tendues entre les représentants de Vichy et les associations. Les bénévoles sont épuisés par des dossiers pour lesquels ils ont le sentiment que les règles changent en fonction du bon vouloir des uns et des autres. Les directives pour le criblage sont si nombreuses, si contradictoires, que c'est à en devenir fou.

Jean-Marie Soutou, à la fois exaspéré, comme les autres, et peut-être un peu tête brûlée, commence à fomenter un plan : l'intendant de police Marchais a pris l'habitude de poser sa serviette, qui renferme certainement des documents très importants, sur une chaise dans le bureau de la commission, et il la laisse là toute la journée. Lorsqu'il s'absente à l'autre bout du camp, il se contente de repousser la chaise sous une table pour que la sacoche soit moins visible. Si seulement ceux qui se battent pour sauver des vies pouvaient en savoir plus sur les intentions de la partie adverse… Jean-Marie se met à observer minutieusement les habitudes de Marchais, tandis que son plan se précise. Il va utiliser les atouts dans sa manche, en l'occurrence, la Citroën noire qui fait tellement d'effet aux sentinelles à l'entrée du camp. C'est ainsi qu'ils ont déjà pu faire sortir quelques personnes au nez et à la barbe des soldats, pour peu que leur mine ou leur habillement aient pu les faire passer pour des collaborateurs des membres de la commission.

Après avoir bien observé et monté son coup, Jean-Marie Soutou passe à l'action. Il se saisit de la serviette et s'installe avec une grande rapidité au volant de la Citroën. Le départ du camp se fait sans encombre. Tout près de là, dans un terrain vague, il gare la voiture et se précipite pour prendre connaissance des documents de Marchais. Fébrilement, il prend en note le contenu d'un bout de papier, où figure une petite liste d'exemptions qui lui semble incomplète.

Quand il rentre au camp, l'abbé Glasberg est aux prises avec l'intendant de police. Marchais pousse de hauts cris :

— Ma serviette ! Elle n'est plus là !

Glasberg fait semblant de chercher la fameuse serviette, tout en calmant le fonctionnaire. Il sait ce qui s'est produit, car il a encouragé le manège de Jean-Marie – il le connaît pour être un casse-cou, qui n'a pas froid aux yeux. Lorsqu'il voit la voiture revenir et croise le regard de Soutou, il comprend tout de suite que son intuition était bonne. Il s'agit maintenant de lui donner la possibilité de remettre la sacoche en place en toute discrétion. Pas facile, avec Lucien Marchais qui s'agite et vitupère, prêt à remuer ciel et terre. Heureusement, l'homme de Vichy apprécie qu'on le voie en compagnie de l'abbé Glasberg, comme si cette présence atténuait les actes qu'il est obligé d'accomplir dans le cadre de ses fonctions. Mais là, sa tension monte, car des documents sensibles se trouvent dans sa serviette.

Jean-Marie parvient tout de même à passer discrètement à l'abbé l'objet du délit, et Glasberg se précipite vers Marchais.

— Mais enfin, mais enfin, cher ami, la voilà, votre serviette ! lui lance-t-il en la lui rendant.

Marchais ne peut que le remercier.

Lorsqu'ils sont seuls, les deux hommes font le point.

— Qu'as-tu trouvé dans la sacoche de l'intendant ?

— Une liste des exemptions pour le triage des internés. Plusieurs noms ont été barrés au stylo par l'intendant.

L'abbé Glasberg fronce les sourcils. La situation est manifestement arrivée à un tournant : les fonctionnaires deviennent plus nerveux et les cas d'exemption se font plus rares. Il ne reste que peu de temps pour essayer de sauver le plus d'internés possible.

Il sait qu'ils sont sur le fil du rasoir.

Abandon de paternité

20 heures.

Une sombre nouvelle tombe. Un message téléphonique du ministère de l'Intérieur demande la constitution d'un convoi d'au moins huit cents internés dans les plus brefs délais. Voilà pourquoi les cas d'exemption sont revus à la baisse.

Les sauveteurs tiennent un conciliabule d'urgence : il faut trouver rapidement quoi faire. Et le doute les assaille : si leur présence n'avait été qu'un subterfuge pour les « endormir » ? Et s'ils s'étaient fait manipuler par les autorités de Vichy, effectuant le sale boulot de triage à leur place ?

Il ne reste pas assez d'adultes pour répondre à la demande de Vichy. Les enfants sont menacés !

Heureusement, en découvrant le contenu des papiers temporairement subtilisés à l'intendant Marchais, l'abbé Glasberg a eu une idée : obtenir la signature des parents pour céder leur droit de paternité sur un document à l'en-tête de l'Amitié chrétienne. Ainsi, leurs enfants seront placés sous la plus haute protection qui soit, celle du cardinal Gerlier. Il n'est autre que l'ami de Pétain et l'un des plus hauts dignitaires de l'Église de France. Personne n'osera l'attaquer.

Le père Chaillet est arrivé quelques minutes plus tôt pour livrer la version finalisée des actes de délégation de paternité. Il en a fait imprimer plus d'une centaine d'exemplaires au siège de l'Amitié chrétienne.

Tous les sauveteurs ont bien conscience que les heures, les minutes, les secondes, même, sont comptées pour qu'ils puissent mettre leur plan à exécution, et empêcher que les enfants soient embarqués dans le convoi qui doit conduire les adultes de la gare de Saint-Priest à Drancy. Le père Chaillet leur a bien expliqué ce qui s'était passé : si le premier télégramme de Vichy, celui du 5 août, permettait à Gilbert Lesage, en tant que chef du Service social des étrangers de Vichy, d'organiser la tutelle des enfants, un second télégramme, du 18 août, annulait cette mesure ; mais il a été soustrait par Gilbert Lesage à la barbe de l'intendant de police du camp de Vénissieux. Ce qui permet de sortir légalement – du moins aux yeux des responsables de la police – les enfants du camp.

L'abbé Glasberg mobilise toute sa troupe. Rien n'est changé à leur plan de sauvetage. Une fois les actes signés, ils réuniront les enfants dans le grand réfectoire du camp. Puis, le moment venu, ils les extrairont par la sortie annexe du camp pour les conduire par autocar à Lyon, dans l'ancien couvent des Carmélites. Là, les familles recrutées pour cacher les enfants viendront les chercher, ou les scouts israélites accompagneront les enfants jusqu'aux familles. Tous devront avoir quitté les lieux rapidement, car le subterfuge sera forcément vite découvert.

La question du temps qu'il leur reste est fondamentale. Gilbert Lesage, qui grâce à sa fonction réunit le maximum de renseignements, a des éléments : le départ des adultes est prévu pour la nuit même, vers 3 heures du matin.

Ce départ des adultes mobilise – heureusement – l'implacable Cussonac et l'intendant Marchais. Le général de Saint-Vincent a refusé d'envoyer ses troupes pour surveiller le transfert des déportés dans le train qui doit partir au petit matin depuis la gare de Saint-Priest en direction de Drancy[1]. Cela occupe tout le monde et offre un répit inespéré pour organiser le départ des enfants.

L'abbé Glasberg prend le temps de faire le tour des baraques pour réconforter les uns et les autres. Les assistantes sociales ont recueilli les premiers enfants séparés de leurs parents, dans une ambiance lourde.

1. Le général de Saint-Vincent, gouverneur militaire de Lyon, membre éminent de l'Amitié chrétienne et d'un groupe de résistants de l'Armée secrète, exprime son hostilité aux mesures antisémites en renouvelant son refus, le samedi 29 août, cette fois-ci, de prêter quelques escadrons de la garnison de gendarmerie pour assurer le maintien de l'ordre lors de l'embarquement des internés du camp de Vénissieux. Il déclare : « Jamais je ne prêterai ma troupe pour une opération semblable. » Le général de Saint-Vincent ne s'exécuterait que sur un ordre écrit du ministre, mais entre-temps, il apprend sa mise à la retraite prématurée pour le 1er septembre. Le surlendemain, il est démis de ses fonctions par le ministre de la Guerre du gouvernement de Vichy, le général Bridoux. Son limogeage est annoncé dans la presse, mais les causes qui l'ont motivé sont tues. Le ministre aurait pris cette mesure sur l'ordre de Laval qui, craignant un coup d'État militaire, aurait voulu se débarrasser des généraux suspects vis-à-vis de la collaboration.

Les premiers parents qui ont accepté de les laisser partir savent que leurs petits seront plus en sécurité sans eux, il n'a pas été difficile de les en convaincre. Les parents supportent cette tragédie, car ils savent qu'ils n'ont pas le choix... Parler avec l'abbé Glasberg, qui connaît leur langue et comprend leur détresse comme un frère, les soulage un peu de l'angoisse qui les tient.

L'équipe a reçu le renfort d'Hélène Lévy, la psychologue de l'Œuvre de secours aux enfants. Hélène connaît bien le comportement des enfants, et elle a donné de bons conseils pour appréhender les traumatismes des séparations.

Maribel Semprún est également arrivée au camp un peu plus tôt dans la journée, et son aide est fort appréciée : elle parle plusieurs langues et s'est proposée pour servir d'interprète auprès des familles de déportés. Fille d'une famille aristocrate et catholique espagnole opposée à Franco, Maribel Semprún a connu les persécutions d'un régime autoritaire, elle sait les souffrances que cela entraîne. Elle s'est exilée en France avec ses parents et Jorge, son frère[1]. Jean-Marie Soutou les a aidés à s'installer dans la région, et il a été aussitôt séduit par cette jeune femme aux idées progressistes.

Le bruit a déjà circulé dans les baraques que les enfants avaient une chance de s'en sortir en quittant

1. Résistant et communiste, Jorge Semprún sera arrêté par la Gestapo en septembre 1943, puis déporté à Buchenwald. Cette expérience forgera sa vocation d'écrivain.

leurs parents, mais il s'agit maintenant d'accélérer le processus. Il faut aller voir les parents un par un et leur faire signer le fameux papier avant qu'il ne soit trop tard…

La séparation

21 heures.

Il fait encore jour, mais des nuages d'orage qui commencent à s'amonceler font régner sur le camp une lueur crépusculaire inquiétante. Au loin, on voit déjà les premiers éclairs, pas un souffle de vent ne vient pour l'instant rafraîchir l'air brûlant. Les internés sont à bout de nerfs. Leur passage devant la commission de criblage a, selon les cas, fait monter leur angoisse ou conforté leurs craintes. Tout cela est trop bien organisé pour n'être pas paniquant…

Julius Stein s'approche de l'abbé Glasberg, qu'il a repéré de loin grâce à sa soutane. Sa petite Eva est enfermée dans une baraque de l'autre côté des barbelés ; Renata, sa seconde fille, et son épouse, elles, ont échappé à la rafle, et depuis, Julius est sans nouvelles.

Le bruit est arrivé aux baraques dans lesquelles sont réunis les hommes sortant des Groupements de travailleurs étrangers qu'il est possible de confier ses enfants afin qu'ils restent en France. Pour tous ces hommes qui ont connu l'arrivée des nazis au pouvoir dans leur pays d'origine, le choix est certes déchirant, mais représente un dernier espoir pour sauver leurs enfants : la France incarne encore le champ de tous les possibles.

L'abbé ouvre sa sacoche, il en sort un papier et le tend à Julius. Pendant que le jeune père découvre le document, il lui en fait la traduction scrupuleuse :

— En le signant, vous reconnaissez agir en pleine connaissance de cause et de votre libre volonté, et vous déclarez abandonner à l'Amitié chrétienne, conformément à l'article 17 de la loi du 24 juillet 1889, les droits de garde et de puissance paternelle que vous exercez sur la personne de votre fille Eva, mineure.

Julius écoute chacun de ses mots avec grande attention. Certains des termes juridiques lui semblent un peu obscurs, mais il les trouve quand même sérieux et rassurants, explique-t-il à l'abbé, qui note les noms de son épouse et de sa seconde fille, ainsi que leur dernière adresse pour lancer la recherche.

— Vous êtes sûr de pouvoir sauver ma petite Eva ?

— Oui, nous allons la prendre sous notre protection le temps de retrouver votre épouse et votre autre fille.

— Et si vous ne les retrouvez pas ?

— Dans ce cas, nous placerons votre fille dans une famille d'accueil, avec le consentement des œuvres sociales juives, tout en continuant les recherches.

Tout est dit. Julius signe d'une main tremblante.

Zelman Berkowicz, le père de Rachel, a retrouvé Jankiel Raychmann, assis à ses côtés. Il était avec lui dans le camp du Groupement de travailleurs étrangers de Saint-Privat, l'ancienne usine à soie.

L'abbé Glasberg sort de sa sacoche deux exemplaires de l'acte de délégation de paternité à l'en-tête de l'Amitié chrétienne, et réitère les explications.

Jankiel y ajoute son nom, celui de sa petite fille Hélène, son âge, sa nationalité. Puis il signe d'une main hésitante.

Deux autres pères des enfants de Saint-Sauveur-de-Montagut se présentent, ils ont entendu leur conversation. Leurs fils et fille se trouvent eux aussi internés de l'autre côté des barbelés, dans la même baraque. Mozek Szrajbe, le père d'Anna et Jules, signe à son tour. Chil Baumel, lui, serre les mâchoires quand vient son tour de signer pour son fils, Jean.

D'une main précise et soigneuse, comme il le faisait lorsqu'il coupait les cheveux des soldats blessés dans l'hôpital à Bruxelles, Zelman écrit lui aussi le nom de sa fille sur l'acte de délégation de paternité ; il y ajoute le sien en haut : « Je soussigné Zelman Berkowicz... » Puis il signe.

Jankiel tend à l'abbé une carte qu'il a écrite à l'intention de la famille Faure de Saint-Sauveur-de-Montagut. Zelman, à son tour, tend une enveloppe à l'abbé. Un mot pour Fani.

22 h 30.

Une fois le tour des baraques des hommes terminé, l'abbé Glasberg se dirige vers le secteur des femmes et des enfants. Il va passer par le réfectoire, où sont regroupés les enfants, pour voir où l'on en est, avant de se diriger vers les baraques pour parler aux mères. Il sait que sa connaissance du yiddish est un grand atout. En utilisant leurs mots, il parvient à apaiser les mères et à leur faire accepter ce sacrifice de se séparer de leurs enfants.

Alors qu'il s'approche, il distingue dans la pénombre, à travers les barbelés, les silhouettes d'Hélène Lévy et Charles Lederman au côté d'un petit garçon, qui ne pleure pas, courageux. Tous les trois chantonnent en chœur : « Un kilomètre à pied, ça use… ça use les souliers, deux kilomètres à pied, ça use… » Leur petit subterfuge pour éviter d'affoler certains enfants semble fonctionner.

L'orage est presque là, maintenant, et des bourrasques soulèvent la poussière de la cour. L'odeur caractéristique de la pluie qui vient est perceptible. Le tonnerre gronde, de plus en plus proche.

23 heures.

La jeune fille remet en place l'écriteau pendu à son cou, sur lequel figurent son nom et son âge : Léa Weichselbaum, huit ans et demi. Assise sur la natte d'à côté, sa sœur jumelle, Berthe, balance son buste d'avant en arrière, en chantonnant machinalement une comptine. Une soixantaine d'enfants se tiennent dans ce coin du réfectoire, sous le regard de Lili, attentive au moindre signe de faiblesse de ses protégés. Dans une même tension, ses amies et collègues s'affairent également parmi les groupes d'enfants : Élisabeth Hirsch, Madeleine Barot, Hélène Lévy, et Lotte Levy, la toute fraîche recrue, quinze ans à peine, arrivée au camp avec un gendarme et aussitôt engagée dans l'équipe des assistantes sociales.

On a expliqué aux plus petits qu'ils partaient en excursion, et qu'un autocar allait bientôt venir les chercher.

Que leur dire de plus ? Il faut éviter les drames, il ne faut pas faire de vagues, pour que l'opération se déroule au mieux.

Ces dernières heures, Lili et les autres ont déployé des trésors d'imagination pour rassurer les enfants qui viennent d'être privés de leurs mères. Quand les larmes diminuent, la tâche se simplifie. Sinon, elles se répandent comme une épidémie fulgurante, surtout parmi les plus petits.

Georges Garel surgit dans le réfectoire, en nage, l'air très inquiet. Deux jeunes filles se collent à lui et tirent sa chemise, tout en répétant :

— Je vous en prie, sauvez notre frère ! Sauvez-le !

L'une des deux a un peu plus de seize ans, l'autre dix-huit ans. Comme elles ont la même taille, il a pu falsifier leurs papiers et les faire passer pour des jumelles de moins de seize ans. Mais il n'a pas pu agir pour leur frère aîné.

Il tente de leur expliquer le plus délicatement possible qu'il ne peut rien faire de plus, mais leur désespoir les rend sourdes à toute logique. Elles continuent de faire son siège et il ne sait plus comment leur parler pour les calmer. Les deux adolescentes sont en larmes, terrifiées à l'idée que leur frère va disparaître, être emporté loin d'elles, vers ces terres que la famille a fuies pour avoir la vie sauve. Elles s'accrochent à ses vêtements, le supplient… Il explique encore que c'est impossible, mais la plus jeune des deux sœurs le suit en répétant comme une litanie :

— Je vous en prie, sauvez mon frère, je vous en prie, sauvez mon frère, je vous en prie, sauvez mon frère…

À son grand désarroi, Georges comprend qu'il va lui falloir couper court. Il ne peut rien ! Rien ! C'est déjà presque miraculeux d'avoir pu faire passer la sœur aînée pour une jumelle de la cadette ! Elles doivent cesser de pleurer et de supplier, maintenant !

Alors qu'il s'éloigne à grands pas pour continuer son travail d'organisation du départ des enfants, les deux jeunes filles restent immobiles, sous le choc de son refus. Glacées. Il les retrouvera à son passage suivant exactement dans la même position, deux statues de désespoir.

Plus loin, dans le réfectoire, l'abbé Glasberg accompagne deux adolescentes. Charles Lederman le suit, deux enfants dans les bras. Les quatre filles de Mme Fixler ont été confiées à l'Amitié chrétienne. Le certificat de nationalité hongroise de leur mère apporté par le consul n'a pas suffi à obtenir sa libération. Isabelle, Esther, Sarah et Hélène ne reverront jamais leur maman.

Dans la pièce règne une grande confusion. Des enfants pleurent, sanglotent, on entend des cris étouffés auxquels répondent ceux des parents, dans les baraques. L'intendant de police Marchais, qui rejoint l'abbé Glasberg, demande avec une certaine candeur :

— Mais pourquoi crient-ils ?

L'abbé Glasberg contemple cet homme chargé de déporter ces pauvres gens, et qui agit avec l'application des élèves qui veulent contenter leur maître. Se peut-il qu'il soit aussi obtus ? Aussi insensible au malheur de ses prochains ? Aussi confiant dans l'administration qui l'emploie pour ne pas comprendre ce qu'il est en train de faire ? La chose à laquelle il participe, à laquelle il apporte son concours avec tant de zèle ?

— Si on vous prenait vos enfants, ne crieriez-vous pas ? lui demande-t-il finalement d'une voix ferme.

La question fait hésiter le policier.

— Si, finit-il par répondre. Je crois bien…

Horst Joseph Finder, un adolescent au visage pâle et aux traits tirés, demande en implorant des nouvelles de sa mère. Lorsqu'ils ont été arrêtés, à Montélimar, elle se trouvait déjà à l'hôpital pour être opérée d'une crise aiguë de la vésicule biliaire. Il a donné l'adresse à la police, loin de se douter de ce qui se tramait. Mais aucun de ses interlocuteurs n'a d'informations. La seule chose qu'on ait pu faire pour lui est de falsifier sa date de naissance de quelques mois pour lui donner moins de seize ans.

Horst Joseph a bien compris ce qui se passe. Cette histoire de randonnée, de colonie de vacances, ne tient pas debout. Il voit les petits pleurer, et lui-même est dans un état d'épouvante qu'il contient à grand-peine. Sa mère a signé le papier d'abandon de paternité, épuisée, à bout de forces, mourante, et il regarde ce qui se passe autour de lui dans une sorte de sidération.

23 h 45.

Lili pousse la porte d'une baraque. Elle doit encore faire signer des papiers, il reste des enfants. Les ampoules au plafond, parfois hors d'usage ou éteintes, éclairent la pièce de façon irrégulière. Lili avance doucement et les visages des mères lui apparaissent dans un clair-obscur ; chacune a son expression, de la stupeur à la détresse. Désormais, tous ces visages hanteront ses nuits jusqu'à la fin de sa vie.

Elle essaie d'avoir un mot pour chacune de ces femmes, avec ou sans enfant. C'est ainsi qu'elle croise de nouveau Maria Goldberg, la jeune fille mère qui a été contrainte de laisser son enfant chez sa nourrice dans les environs de Paris. Maria est au comble du désespoir, en passe de devenir folle à l'idée de partir si loin de son fils – elle a entendu parler de camps de travail en Allemagne, ou en Pologne. Elle ne voyait pas beaucoup son petit Serge, mais être dans le même pays que lui était déjà quelque chose… Personne ne trouve de mots pour la réconforter alors qu'elle commence une crise d'hystérie.

Dehors, la pluie tombe à verse. En quelques minutes, la cour centrale est devenue un bourbier sans nom, la poussière soulevée par les milliers de pieds qui ont écrasé l'herbe se transformant en une boue qui colle aux chaussures. Les éclairs et le tonnerre se déchaînent et, bientôt, une panne d'électricité ajoute à la panique ambiante. Il règne alors dans le camp une obscurité traversée par des cris et des larmes, une ambiance de fin du monde qui frappe jusqu'aux plus jeunes.

Fajgla Baumel, une des mères du village de Saint-Sauveur-de-Montagut, est internée avec son fils, Jean, dans la baraque où se trouve Rachel. Elle a déjà saisi ce que font ces femmes et signe tout de suite ce qu'on lui tend. Mais elle ne veut pas que son petit Jean, âgé de neuf ans, comprenne de quoi il s'agit. Il ira au réfectoire rejoindre les autres sans la recroiser, car elle ne se sent pas la force de lui dire au revoir – elle sait que c'est un adieu… Après avoir signé tant bien que mal, malgré l'obscurité, le papier qu'on lui a tendu, elle s'effondre. Plus rien n'a d'importance, maintenant… Elle sombre dans un abîme de désespoir muet.

D'autres parents serrent leurs enfants une dernière fois, prononcent une bénédiction et leur font une ultime recommandation : « N'oubliez jamais que vous êtes juifs ! » Même si, en ces temps terribles, il leur faudra taire leur appartenance, ils devront garder au fond de leur cœur la foi de leurs ancêtres, afin que survivent leur religion, leurs traditions, malgré l'œuvre de mort et d'anéantissement…

Des éclats de voix s'élèvent. Une femme serre sa fille éperdument, refusant de la laisser partir. Georges Garel essaie de la convaincre, l'adjure de comprendre que c'est le seul espoir de lui sauver la vie… L'enfant est en larmes, effrayée, elle est couchée contre sa mère et l'enlace.

Georges déploie toute sa force de persuasion.

— Laissez-lui au moins une chance ! la supplie-t-il. Léah doit vivre ! D'ailleurs, son père a signé le papier…

À ces mots, la mère pousse un nouveau cri. Elle est à bout de forces et ses bras s'ouvrent enfin pour laisser partir sa fille. Mais ses cris et ses sanglots redoublent tandis que Léah, du haut de ses treize ans, a l'épouvantable pressentiment qu'elle ne reverra jamais sa mère. En s'éloignant de la baraque, elle entend les cris de sa mère se perdre dans la nuit. Près de quatre-vingts ans plus tard, ces cris résonneront encore en elle avec la même force…

Quelques mètres plus loin se trouve Anna Szrajbe. L'adolescente a plaqué sa main sur les yeux de son petit frère, Jules, qui tente de dégager sa tête. Assise sur une valise à côté d'Anna, une femme regarde l'abbé Glasberg qui vient d'arriver. Elle lâche d'une voix faussement plate :

— Je suis Genendla-Rywka Szrajbe, la maman de Jules et Anna. Donnez-moi vite le document à signer.

L'abbé vient de lui expliquer en yiddish le stratagème mis au point pour sauver les enfants. Lili se retient de sangloter en remplissant l'acte.

C'est l'anniversaire de Jules, né le 28 août 1928. Anna, elle, a dix-sept ans. Mais les sauveteurs, là encore, falsifient sa date de naissance – sa petite taille le permet aisément. Après une ultime étreinte, la famille se sépare. Anna prend la main de son petit frère et se retourne une dernière fois en direction de sa pauvre mère, exprimant dans un regard profond qu'elle va toujours s'occuper de lui.

Après une entrevue avec Madeleine Barot, Mme Bäcker accepte de signer l'acte d'abandon de paternité. Alors que sa fille Mela ferme sa petite valise, prête à partir, elle lui demande de s'approcher. Elle retire ses boucles d'oreilles et lui dit :

— Ma chérie, elles sont pour toi. Ainsi, je serai toujours avec toi…

Mela tiendra la promesse faite à sa mère ce soir-là de ne jamais les quitter… Elle s'éloigne de la baraque dans

LE CAMP DE VÉNISSIEUX

© Collection Klarsfeld

Après la grande rafle du 26 août 1942, dans le Rhône, en zone libre, plus de mille Juifs étrangers sont conduits au camp de Vénissieux, dans la banlieue lyonnaise, sous la surveillance des gendarmes. Ils ont été arrêtés sur ordre du gouvernement de Vichy pour satisfaire les demandes des nazis.

© Collection Klarsfeld

Datant de la Première Guerre mondiale, le camp de Vénissieux a été choisi par les autorités pour son emplacement : proximité d'une gare et éloignement des habitations, afin que la population ne voie pas ce qui s'y déroule. Ces photos inédites ont été redécouvertes très récemment. Elles ont très probablement été prises par Chieu Ngo-Trong, un interprète indochinois de la Main-d'œuvre indigène, alors en transit dans le camp.

© Collection Klarsfeld

Tous les internés doivent passer devant une commission de criblage qui statuera sur leur cas : entrent-ils ou non dans les cas d'exemption ? Seront-ils déportés vers Drancy puis Auschwitz, ou pourront-ils rentrer chez eux ? Les critères changent au fil des jours. Sur les 1016 Juifs internés à Vénissieux, 471 seront sauvés, dont les 108 enfants et adolescents, et 545 déportés.
La grande majorité sera gazée dès son arrivée à Auschwitz.

© Collection Klarsfeld

© Collection Klarsfeld

Sur cette photo, où le sourire et l'espoir sont encore présents sur les visages, on reconnaît trois des enfants qui seront sauvés. Les parents ont dû signer un acte d'abandon pour leur permettre d'être exfiltrés.

1
Armand BUKS

2
Lotte LEVY

3
Émile MEISLER

RACHEL

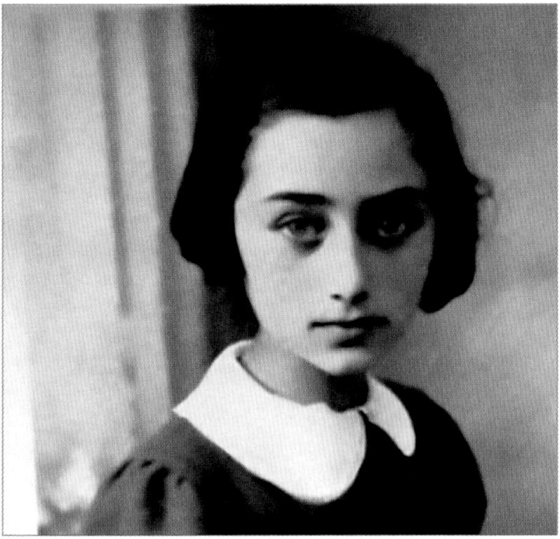

© Collection Klarsfeld

Dans ce récit, Valérie Portheret suit le destin de Rachel et de Justus. Rachel Berkowicz avait onze ans quand elle est arrivée au camp de Vénissieux. Née en Belgique, elle s'est réfugiée en France avec son père, sa belle-mère et sa mère en 1940, au moment de l'invasion de la Belgique par les nazis. Son père était coiffeur.

Rachel entre Fani, sa belle-mère, et Zelman, son père, qui, tous deux, périront à Auschwitz.

Après son sauvetage, Rachel trouve refuge chez la famille Merland, à Saint-Sauveur-de-Montagut, en Ardèche. Ici avec leur fils Jean-Claude.

JUSTUS

Justus Rosenberg à Marseille en 1940, le jour où il rejoint, en tant que courrier, l'organisation de Varian Fry, journaliste américain qui cherche à exfiltrer vers les États-Unis le plus possible d'intellectuels menacés d'être livrés aux nazis. Il a alors dix-sept ans. Arrêté, Justus simulera une crise de péritonite pour être évacué du camp de Vénissieux. Seul adulte sauvé du camp retrouvé par Valérie Portheret, il est encore vivant.

LES SAUVETEURS

L'ABBÉ GLASBERG

Juif converti au christianisme, polyglotte maîtrisant parfaitement le yiddish, l'abbé Glasberg s'est imposé au sein de la commission de criblage pour faire jouer toutes les exemptions possibles. Une stratégie de « noyautage » qui a permis de sauver de nombreuses vies, dont celles des enfants. Alexandre Glasberg n'avait aucun doute sur le sort tragique qui attendait les internés. Lui-même avait dû quitter l'Ukraine et ses violences antisémites en 1920, à l'âge de dix-huit ans.

GILBERT LESAGE

Dans le sauvetage des enfants de Vénissieux, Gilbert Lesage est l'agent double : chef du Service social des étrangers (SSE) de Vichy, c'est en réalité un résistant infiltré dans l'administration. C'est lui qui transmettra la date de la grande rafle afin de sauver le maximum de personnes. À Vénissieux, il propose à des membres de l'Amitié chrétienne de participer au travail de la commission de criblage : l'abbé Glasberg, mais aussi le père Chaillet et son secrétaire, Jean-Marie Soutou, ci-dessous en photos. Gilbert Lesage sera arrêté par la Gestapo le 8 avril 1944 et échappera de peu à la déportation.

LE PÈRE CHAILLET

JEAN-MARIE SOUTOU

LES AUTRES ACTEURS DU SAUVETAGE

Coordonné par l'Amitié chrétienne, le sauvetage réunit des personnalités remarquables issues d'associations catholiques, protestantes, juives et laïques. Parmi celles-ci, l'Œuvre de secours aux enfants (OSE) de Lyon, une organisation créée en Russie en 1910 pour protéger les familles juives victimes de pogroms.

CHARLES LEDERMAN

Charles Lederman dirige le bureau lyonnais de l'OSE. Originaire de Pologne, avocat brillant, il a combattu à Dunkerque et a organisé plusieurs évasions au camp de Rivesaltes, dans les Pyrénées-Orientales. Il fédère des femmes et des hommes au dévouement exceptionnel, parmi lesquels Élisabeth Hirsch, Lili Tager et Georges Garel. En septembre 1940, Lili, étudiante à la Sorbonne à Paris, passera trois mois en prison pour avoir tiré la langue à un soldat allemand.

LILI TAGER

GEORGES GAREL

ÉLISABETH HIRSCH

MADELEINE BAROT

C'est l'une des grandes figures de la Cimade, organisation protestante d'aide aux réfugiés patronnée par le pasteur Boegner. Avec les autres assistantes sociales, elle fera tout, au sein du camp, pour réconforter les mères et rassurer les enfants.

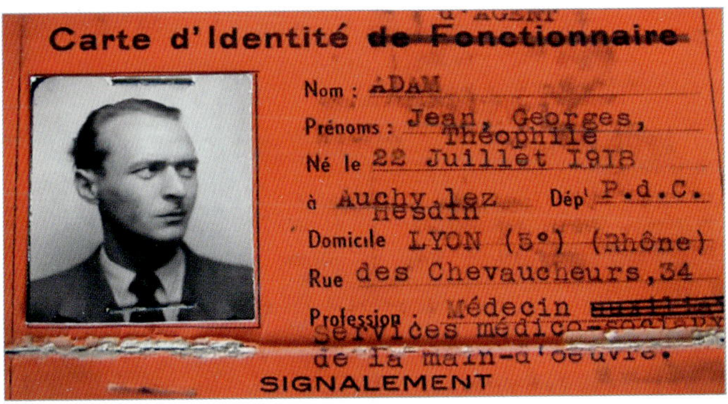

JEAN ADAM

À vingt-quatre ans, Jean Adam a été dépêché comme médecin au camp de Vénissieux alors qu'il n'a pas fini ses études de médecine. Infatigable, il fera face à vingt-six tentatives de suicide par pendaison, empoisonnement ou section des veines du poignet, et obtiendra l'hospitalisation de nombreux internés, dont le jeune Justus, leur sauvant ainsi la vie.

ABANDONNER SES ENFANTS POUR LES SAUVER

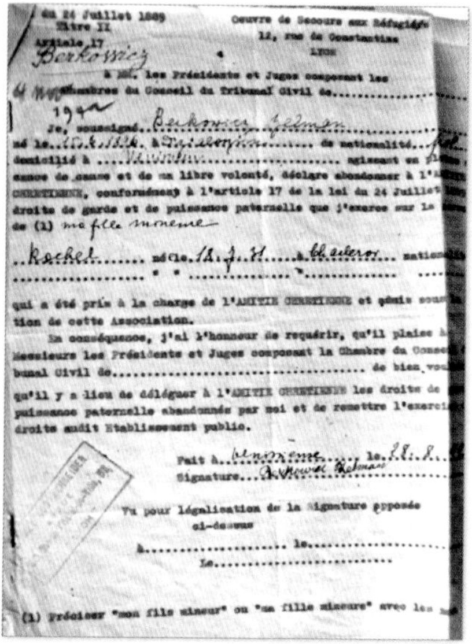

du 24 Juillet 1889
Titre II
Article 17
Berkowicz

Oeuvre de Secours aux Réfugiés
12, rue de Constantine
LYON

à MM. les Présidents et Juges composant les
Chambres du Conseil du Tribunal Civil de..................

1942

Je, soussigné..
né le............ à............................. de nationalité......
domicilié à .... agissant en pleine
connaissance de cause et de ma libre volonté, déclare abandonner à l'AMITIE
CHRETIENNE, conformément à l'article 17 de la loi du 24 Juillet 1889
droits de garde et de puissance paternelle que j'exerce sur la
de (1) ma fille mineure

..Rachel........ née le............ à.................. nation

qui a été prise à la charge de l'AMITIE CHRETIENNE et placée sous
tion de cette Association.

En conséquence, j'ai l'honneur de requérir, qu'il plaise à
Messieurs les Présidents et Juges composant la Chambre du Conseil
bunal Civil de..................................... de bien vou
qu'il y a lieu de déléguer à l'AMITIE CHRETIENNE les droits de
puissance paternelle abandonnés par moi et de remettre l'exercice
droits audit Etablissement public.

Fait à.......................... le.28.8..
Signature......................................

Vu pour légalisation de la signature apposée
ci-dessus

à......................... le.......................
Le..............................

(1) Préciser "mon fils mineur" ou "ma fille mineure" avec les

Dans la nuit du 28 au 29 août 1942, les actes de délégation de paternité sont signés par les parents, seule issue pour sauver les enfants. Ces derniers sont désormais confiés à l'Amitié chrétienne. Une nuit d'espoir et de cauchemar. Ci-contre, l'acte signé par le père de Rachel Berkowicz.

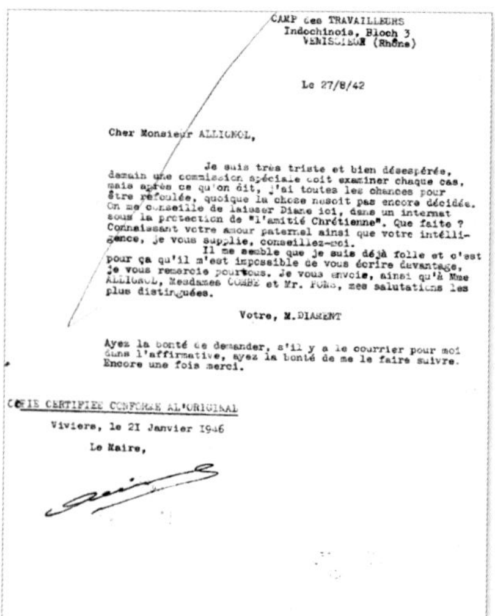

CAMP des TRAVAILLEURS
Indochinois, Bloch 3
VENISSIEUX (Rhône)

Le 27/8/42

Cher Monsieur ALLIGNOL,

Je suis très triste et bien désespérée, demain une commission spéciale doit examiner chaque cas, mais après ce qu'on dit, j'ai toutes les chances pour être refoulée, quoique la chose nesoit pas encore décidée. On me conseille de laisser Diane ici, dans un internat sous la protection de "l'amitié Chrétienne". Que faite ? Connaissant votre amour paternel ainsi que votre intélligence, je vous supplie, conseillez-moi.

Il me semble que je suis déjà folle et c'est pour ça qu'il m'est impossible de vous écrire davantage, je vous remercie pourtous. Je vous envoie, ainsi qu'à Mme ALLIGNOL, Mesdames COMBE et Mr. PONS, mes salutations les plus distinguées.

Votre, M.DIAMENT

Ayez la bonté de demander, s'il y a le courrier pour moi dans l'affirmative, ayez la bonté de me le faire suivre. Encore une fois merci.

COPIE CERTIFIEE CONFORME AL'ORIGINAL

Viviers, le 21 Janvier 1946

Le Maire,

Lettre de Chaja Sura «Hela» Diament du camp de Vénissieux à M. Prosper Allignol, du 27 août 1942, peu avant d'être obligée de se séparer de son enfant, sa petite Diane, huit ans, pour lui donner une chance d'être sauvée. Dès la Libération, ce dernier mettra tout en œuvre pour les retrouver, et réussira, remettant à Diane et à ses parents adoptifs les bijoux et documents qu'il avait enterrés à Viviers-sur-Rhône.

(Fonds Chavanne)

LES PETITES FIXLER

Eva Fixler a été arrêtée comme Juive tchécoslovaque, alors qu'elle est hongroise, nationalité qui n'est pas concernée par la rafle. Malgré l'intervention du consul royal de Hongrie devant la commission de criblage, elle sera livrée aux nazis, déportée et gazée à Auschwitz. Ses quatre filles rejoindront clandestinement leur père en Suisse, après avoir été cachées chez des particuliers.

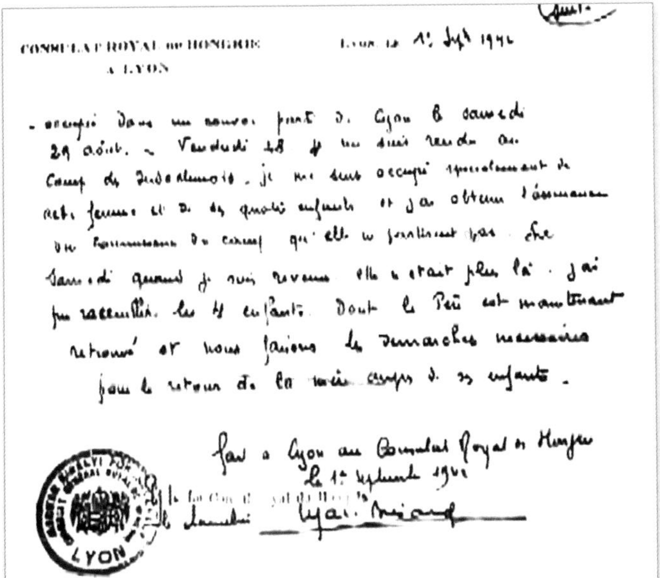

CONSULAT ROYAL DE HONGRIE
À LYON

Lyon, le 1er Sept 1942

– occupé dans un nouveau point de Lyon le samedi 29 août. – Vendredi 28 je me suis rendu au Camp de [illegible]. Je me suis occupé spécialement de cette femme et de ses quatre enfants et j'ai obtenu l'assurance du commandant du camp qu'elle ne partirait pas. Le samedi quand je suis revenu elle n'était plus là. J'ai pu recueillir les 4 enfants dont le père est maintenant retrouvé et nous faisons les démarches nécessaires pour le retour de la mère auprès de ses enfants.

Fait à Lyon au Consulat Royal de Hongrie
le 1er septembre 1942

Le Consul Royal de Hongrie
[illegible]

LYON

ESTHER

ISABELLE

HÉLÈNE

SARAH

DES FAMILLES BRISÉES

Patiemment, l'historienne Valérie Portheret a reconstitué le parcours de 90 enfants sur les 108 rescapés du camp de Vénissieux. Elle a recueilli le témoignage filmé de 24 d'entre eux, aux quatre coins du monde. Celui de Mela en particulier.

MELA BÄCKER

Avant le dernier adieu dans la nuit du camp de Vénissieux, Esther Bäcker remet à sa fille Mela ses boucles d'oreilles. « Elles sont pour toi. Ainsi, je serai toujours avec toi », lui a-t-elle chuchoté. Mela les gardera toute sa vie. Des années plus tard, elle aura le bonheur de retrouver son père, Chaja.

À Vienne, en 1937, de gauche à droite : Esther Bäcker, Sidi, la demi-sœur de Mela, Mela et son père Chaja.

LES ENFANTS DE SAINT-SAUVEUR

Saint-Sauveur-de-Montagut, c'est le nom du village d'Ardèche où, dès leur arrivée en France en 1940, de nombreuses familles belges trouveront refuge, dont plusieurs familles juives : les Baumel, les Szrajbe, les Raychmann... Dans le camp de Vénissieux, les enfants de Saint-Sauveur sont restés soudés. Après le sauvetage, ils retourneront au village, protégés par des familles d'accueil admirables.

Anna Szrajbe, à gauche, avec des enfants de Saint-Sauveur. Les sauveteurs ont falsifié sa date de naissance pour qu'elle bénéficie de l'exemption. Elle retrouvera son frère Jules en Suisse en 1945. Elle est morte le 19 mai 2019.

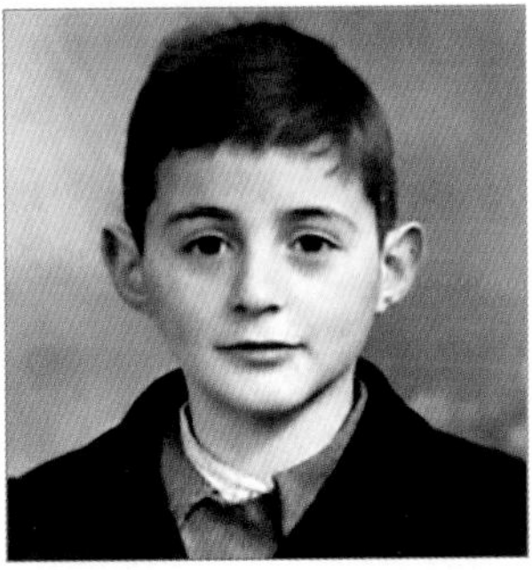

Jean Baumel. Il sera confié à deux jeunes femmes protestantes, **Marthe Royer** et **Paulette Merland**, puis à la famille Dejour jusqu'à la fin de la guerre, dans un village voisin de la montagne ardéchoise. Son père, **Chil**, est mort gazé à Auschwitz. Sa mère, **Fajgla**, est toujours portée disparue.

Hélène Raychmann, en juillet 1943, au milieu sur la photo. Elle restera toute sa vie très attachée à sa protectrice, **Hortense Rey**.

LES ENFANTS DU CHÂTEAU DE PEYRINS

Le château de Peyrins, dans la Drôme, a abrité de nombreux enfants pendant la guerre. Sa directrice, **Germaine Chesneau**, cachera, sous de fausses identités, une dizaine d'enfants Juifs venant du camp de Vénissieux. Parmi eux, Rachel Kaminker, Marcel Frenkel et Hélène et Paul Spielman.

RACHEL KAMINKER

Sur cette photo de groupe, au château de Peyrins, Rachel est au premier rang.

PAUL
et HÉLÈNE SPIELMAN

MARCEL FRENKEL

LE CARDINAL GERLIER

C'est sous la protection du primat des Gaules que l'ensemble du réseau de l'Amitié chrétienne s'est mobilisé pour sauver les enfants de Vénissieux. Quand le préfet Angeli exigera du cardinal qu'il lui donne les adresses des enfants exfiltrés, ce dernier opposera un refus catégorique. Pour Serge Klarsfeld, « ce refus du cardinal face au préfet a entraîné le freinage décisif par Pierre Laval de la coopération massive entre la police française et la Gestapo ».

VOUS N'AUREZ PAS LES ENFANTS

Alors que, sur ordre du préfet, la police recherche activement les enfants exfiltrés, les Mouvements de Résistance distribuent ce tract et en appellent à la conscience des Lyonnais.

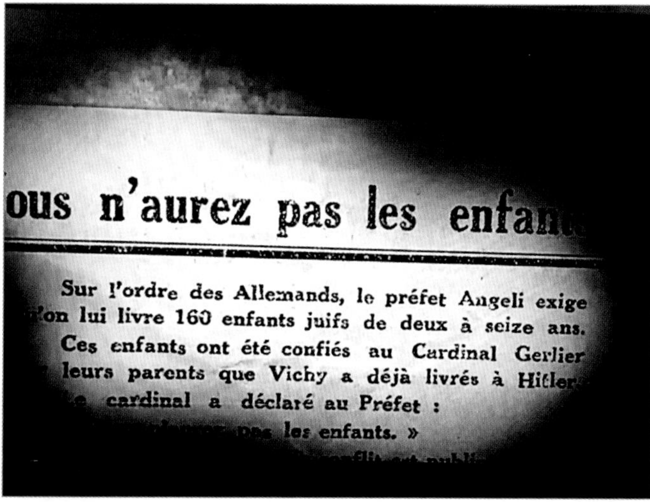

ous n'aurez pas les enfan

Sur l'ordre des Allemands, le préfet Angeli exige ...on lui livre 160 enfants juifs de deux à seize ans.
Ces enfants ont été confiés au Cardinal Gerlier ... leurs parents que Vichy a déjà livrés à Hitler.
... cardinal a déclaré au Préfet :
... les enfants. »

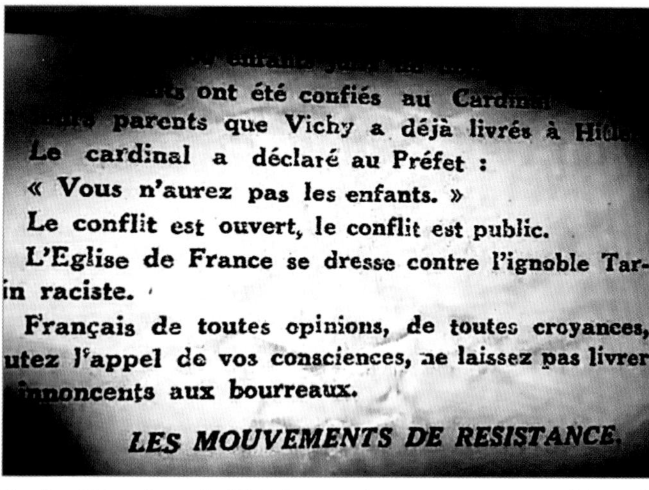

... ont été confiés au Card...
... parents que Vichy a déjà livrés à Hi...
Le cardinal a déclaré au Préfet :
« Vous n'aurez pas les enfants. »
Le conflit est ouvert, le conflit est public.
L'Eglise de France se dresse contre l'ignoble Tar-
in raciste.
Français de toutes opinions, de toutes croyances,
...utez l'appel de vos consciences, ne laissez pas livrer
...nnoncents aux bourreaux.

LES MOUVEMENTS DE RESISTANCE.

Sur les 108 enfants de Vénissieux, trois seront repris en 1944 par la Gestapo, puis déportés et exterminés à Auschwitz : **Margot Koppel, Maurice** et **Gabrielle Teitelbaum**.

une nuit épaisse et doit avancer quasiment à l'aveugle, guidée par les faibles lueurs du réfectoire. C'est comme traverser un océan déchaîné, avec le vent et la pluie qui la fouettent par intermittence.

Plus loin, Élisabeth Hirsch et Maribel Semprún parlementent avec des mères. Certaines s'évanouissent sitôt l'acte d'abandon signé, d'autres tombent dans une apathie noyée de désespoir, d'autres encore laissent libre cours à leur chagrin inconsolable, un océan de sanglots, et parfois des cris étouffés de rage.

Le courage de ces femmes est exemplaire. C'est un insoutenable don de soi. Consentir à laisser partir leurs petits, c'est aussi admettre qu'elles-mêmes sont perdues. Elles ont conscience qu'elles ne les reverront sûrement pas. Les plus jeunes des enfants ont à peine cinq ans. On doit leur mettre des étiquettes au poignet avec leur prénom et leur nom, au cas où ils les oublieraient. Et les voilà seuls dans le vaste monde, qui connaît un combat inégal où le bien doit triompher du mal.

Scyfra confirme d'un bref signe de la tête qu'elle veut signer.

— J'ai quelque chose d'autre pour vous, ajoute Lili. C'est une carte postale écrite par votre époux à l'intention de la famille Faure.

Le silence s'impose à nouveau, le temps de lui en laisser faire la lecture.

Chers amis tous,

Hier, on nous a emmenés sous bonne garde de Saint-Privat à ici et nous ne savons pas ce que l'on va faire de nous et pour combien de temps nous y restons. J'espère que vous tous et les miens sont en bonne santé, et qu'il y a de bonnes nouvelles là-bas depuis notre départ. [...] Je n'oublierai jamais ce que vous avez fait pour moi et ma famille. Monsieur Faure, il me tient à cœur de vous prier de ne pas abandonner ma femme et ma petite fille. Le bon Dieu vous récompensera pour vos bienfaits. Nous avons tous une foi inébranlable dans l'avenir. Nous tous qui sommes rassemblés ici vous envoie tous nos bons souvenirs. [...]

Jankiel

Scyfra ferme les yeux un instant. Son mari a raison, ces gens ont été si bons pour eux. Ils sauront prendre soin des enfants. Elle va ajouter un mot, elle aussi, pour leur confier ce qu'elle a de plus cher.

Lili sourit à Rachel et tend une main. La fillette se lève, prend son étui à violon et sa petite valise, dans laquelle se trouve son manteau de pluie. En passant devant Fani, elle ne sait pas quoi faire. Depuis le retour de sa mère en Belgique, sa belle-mère s'est bien occupée d'elle… Elle aurait presque des scrupules à la laisser derrière, à ne pas ressentir plus de tristesse. Mais tout son désespoir est happé par l'idée d'être éloignée de son père, par ce train qui va le conduire elle ne sait où. Comment se retrouveront-ils à la fin de la guerre ? Comment saura-t-il où elle sera ? C'est tout cela qui la mine.

Tout ce qu'elle peut faire, c'est suivre à la lettre les recommandations de son père : garder son violon et son manteau, rejoindre les amis dont il lui a parlé et ne pas les quitter. Fani la prend dans ses bras pour une brève étreinte et, comme pour lui faciliter les choses, la pousse doucement vers Lili. Il est temps de partir…

Alors que les derniers enfants franchissent les portes des baraques, certaines mères se mettent à hurler, à bout de forces, à bout de nerfs, à bout d'espoir. Comment décrire le déchirement que représente le fait de laisser son enfant derrière soi ? Comment imaginer la douleur, l'abîme qui s'ouvre dans le cœur de ces mères, de ces parents ? Ils ont déjà suffisamment vécu pour comprendre que leur avenir est chancelant, et savoir leurs petits isolés dans ce monde en proie à la folie est vertigineux de terreur.

Les enfants sont seuls, maintenant, avec le souvenir des cris de leur mère, et une dernière image arrachée, celle qu'ils garderont au cœur en attendant des retrouvailles, et qui les glacera lorsqu'ils comprendront que celles-ci n'auront jamais lieu…

Dehors, dans une nuit d'une noirceur effrayante, le tonnerre gronde toujours et la pluie noie les bâtiments. Les derniers enfants ont été sortis des baraques. Bientôt, on viendra chercher les adultes pour les conduire au train.

29 août 1942

Rassemblement

4 h 50.

Les enfants ont été réunis dans le réfectoire du camp. Dehors, il règne une agitation qui inquiète tout le monde, comme une contagion fébrile. Les plus petits ne comprennent pas vraiment ce qui se passe ; les plus grands alternent entre courage et peur, et les adolescents tentent de calmer tout le monde, de détourner l'attention et de faire en sorte que le calme règne. Car eux ont compris que leur liberté se joue et qu'il ne faut pas attirer l'attention des gardes.

Recroquevillée dans un coin du réfectoire, Rachel tremble. Elle a relevé ses genoux sous son menton et elle ne lâche pas son étui à violon. Elle ferme les yeux pour ôter de sa tête ces cris atroces des mères éplorées, toutes ces scènes désespérantes auxquelles elle vient d'assister. Elle voudrait ne plus rien ressentir, que cesse enfin cette souffrance. Ses camarades du village de Saint-Sauveur-de-Montagut sont contre elle, tout aussi meurtris : Hélène Raychmann, Anna Szrajbe et son frère Jules, mais aussi Jean Baumel.

Cent sept enfants se trouvent dans le réfectoire. Les assistantes sociales s'affairent, courant de l'un à l'autre. C'est une cacophonie de sanglots, de spasmes, de gémissements. Elles répètent sans cesse les mêmes paroles de réconfort. Pour ajouter à l'affolement, le camp est toujours privé d'électricité, et l'on voit des ombres fantomatiques se déplacer furtivement à la lueur des éclairs, maintenant plus lointains…

Depuis une heure et le départ des derniers enfants des baraques, les déportés convergent vers la grande place et sont poussés dans les autocars. Cinq cent quarante-cinq hommes et femmes vont être dirigés vers la gare marchande de Saint-Priest, située à moins d'un kilomètre du camp. La gare dispose d'un embranchement de voies relativement important. Là les attend le train qui doit les conduire à Drancy en vue de leur déportation. Le commissaire de police Cussonac supervise les opérations, et ce jusqu'à la ligne de démarcation.

Gilbert Lesage tente d'ultimes manœuvres pour libérer ceux qui peuvent prétendre à la liberté. Les derniers papiers justificatifs en main, il plaide inlassablement leur cause.

À l'intérieur du réfectoire, l'abbé Glasberg assiste à ce spectacle en serrant les poings sous sa soutane. Pour lui qui sait ce qui les attend, qui connaît ce qui se passe dans le Reich, en Pologne et dans tous les territoires contrôlés par les nazis, qui a assisté aux flambées antisémites, il est particulièrement insupportable de ne rien pouvoir faire de plus. Il a déployé toutes les forces de son être, il est à présent épuisé.

Lorsque soudain il distingue Erich Altmann au pied du véhicule, refusant de monter, une immense vague de colère l'envahit. Un garde assène à l'ancien soldat de l'armée française un coup violent. Il voit Erich se plier en deux, la respiration coupée, puis être soulevé par deux autres hommes en uniforme et jeté à l'intérieur de l'autocar. Julius Stein, son ami de chambrée, grimpe dans le véhicule à son tour, l'aide à se remettre sur ses pieds, et ils disparaissent tous deux entre les rangées de sièges. L'autocar recule vers les bureaux des deux fonctionnaires, puis repart en avant vers l'entrée principale, en passant assez loin du réfectoire.

Un autre véhicule se place devant une colonne de déportées. Parmi elles, Eva Fixler. La démarche fantomatique, elle disparaît à son tour dans l'autocar. Maria Goldberg, sa sœur Ruth et les mères du village de Saint-Sauveur la suivent.

L'autocar n'effectue pas la même manœuvre que le précédent. Il avance au contraire vers le réfectoire pour faire demi-tour. L'abbé Glasberg frémit. Il ne faut pas que…

Trop tard ! Là, derrière lui, Rachel et Jules se sont approchés des fenêtres. D'autres enfants s'amassent derrière eux, happés par la vision du car et des visages blêmes des adultes que l'on peut apercevoir… Tandis que l'autocar passe devant eux, les larmes se remettent à couler sur les joues des enfants. La plupart d'entre eux pensent que cette séparation n'est que provisoire. Leurs parents leur ont fait croire qu'ils allaient partir en excursion et que bientôt la famille serait réunie. Mais eux, les parents, savent de quoi il retourne. Dans le dernier regard qu'ils jettent vers les petits visages se lit toute la détresse du monde, quels que soient leurs efforts pour la masquer.

Les grands s'approchent et posent leurs mains sur les épaules des plus jeunes. Dans la nuit du camp, au milieu des rafales de vent et des grondements lointains du tonnerre, l'autocar s'éloigne. C'est la dernière image des cinq cent quarante-cinq adultes déportés ce jour-là : des visages comme lacérés par le désespoir et la terreur derrière les vitres, qui cherchent à apercevoir une dernière fois leurs enfants…

Georges Garel entre en trombe dans le réfectoire. Il porte dans ses bras un jeune garçon – Oscar, sept ans et demi. Son frère Manfred, douze ans et demi, se trouve déjà avec le reste des enfants. Lili prend le relais et remarque qu'Oscar a perdu une dent. Le petit fouille dans sa poche, puis ouvre sa main : une dent de lait trône au milieu de sa paume.

Charles Lederman annonce :

— Voici le cent huitième enfant que nous accueillons. C'est le dernier. Il va falloir maintenant les sortir du camp.

Le départ

5 h 30.

Les premières lueurs du soleil pointent à peine derrière la ligne d'horizon.

Les sauveteurs peaufinent le plan de sortie des enfants. Ils doivent être conduits dans un local que l'Amitié chrétienne a mis à la disposition des scouts israélites. Situé dans un ancien couvent des Carmélites, il s'agit d'un espace désacralisé qui a servi notamment à Jeune France[1], dans le 1er arrondissement de Lyon.

Les scouts israélites l'utilisent aussi régulièrement, c'est donc un centre où défilent beaucoup d'enfants ;

1. Association née en 1940 à l'initiative de Pierre Schaeffer, et placée sous l'égide du secrétariat à la Jeunesse du gouvernement de Vichy. Dirigée en zone nord par Paul Flamand assisté par Jean Vilar, futur fondateur du festival d'Avignon et directeur du TNP, et en zone sud par Pierre Schaeffer assisté par Jean-Marie Serreau, metteur en scène de Brecht, Beckett et Ionesco, et futur père de Coline Serreau, cette association ne servit pas les objectifs de la Révolution nationale, et fut interdite et dissoute en mars 1942 sous la pression de l'occupant. Jean-Marie Soutou, secrétaire de la Maison lyonnaise de Jeune France, était un familier des locaux de la montée des Carmélites.

les rescapés de Vénissieux ont une chance de passer inaperçus. L'endroit parfait pour leur donner quelques heures de répit.

Lili Tager, Madeleine Barot et Élisabeth Hirsch écoutent attentivement les consignes, elles trouvent encore quelques forces pour rassembler leurs esprits et préserver leur vigilance. Il ne faut pas flancher, tout n'est pas encore réglé.

De l'autre côté du réfectoire, les enfants attendent sous la surveillance bienveillante des autres assistantes sociales : Hélène Lévy, la psychologue, la jeune Lotte Levy et Maribel Semprún.

Georges Garel, Jean-Marie Soutou et Joseph Weill se sont réunis autour de l'abbé Glasberg et de Gilbert Lesage.

Charles Lederman donne les dernières consignes.

Claude Gutmann, le chef des scouts israélites, les attend au volant d'un autocar à l'extérieur du camp. Il a recruté l'un de ses compagnons, David Donoff, dit « Dodo », pour conduire un autre autocar. Il faudra diriger les enfants le plus discrètement possible devant la porte de service, près des baraques, et les faire monter à bord dans le calme.

C'est un des moments les plus délicats de l'opération. Il règne en effet dans le camp une ambiance étrange. La plupart des gardes sont partis avec le convoi des adultes, car, le général de Saint-Vincent ayant refusé de se charger de l'opération, il a fallu faire appel à eux. Le commissaire Cussonac et Marchais sont tous deux partis également, persuadés que Gilbert Lesage est du côté de Vichy, et qu'il va donc faire ce qu'il convient… Les quelques gardes qui restent n'ont pas reçu de consignes. Il ne faudrait pas, pour autant, qu'ils s'étonnent du départ des enfants et joignent leur chef pour en demander ! Car si les enfants sont officiellement séparés de leurs parents, ils n'ont pas pour autant l'autorisation formelle de quitter le camp. Il faut agir vite, discrètement, mais avec toutefois une assurance qui laisse penser aux gardes que tout est normal…

L'abbé Glasberg regarde son compagnon quitter le réfectoire, puis il déclare d'une voix solennelle et tremblante :

— C'est l'heure. Rassemblez les enfants et mettez-les en file indienne devant le réfectoire.

Puis, il récupère sa sacoche et y vérifie la présence des actes de délégation de paternité, avant de la serrer contre lui.

Lili, Madeleine et Élisabeth tiennent un conciliabule pour préparer leur stratégie : elles vont isoler dans un coin du réfectoire un groupe de grands, filles et garçons, et leur expliquer quelle conduite ils doivent tenir. Ils seront chargés d'encadrer chacun un groupe de petits et de s'assurer que ces derniers ne fassent pas de bruit.

Anna Szrajbe, Hélène Fixler, Horst Finder acquiescent d'un hochement de tête. Chacun se répète en silence les objectifs de la mission : consoler, rassurer, détourner l'attention des plus traumatisés.

Une file d'enfants, petits et grands, se forme en silence. Ceux qui sanglotent encore sont serrés dans les bras, autant pour les réconforter que pour étouffer leurs plaintes. Hormis les quelques sanglots, il règne un silence pesant, rompu seulement par les bruits de pas sur le carrelage.

Une fois dans les cars, tous les enfants s'asseyent sans rien dire, rapidement. Le sentiment d'urgence que ressentent les adultes, ils doivent l'avoir compris, car les choses se déroulent très vite.

Assis à l'intérieur de la Citroën, l'abbé Glasberg et Jean-Marie Soutou surveillent l'opération de sortie des enfants à travers la vitre du véhicule. La sacoche contenant les certificats de délégation de paternité est cachée sous le siège avant. Encore une trentaine d'enfants, puis une vingtaine à faire grimper dans les autocars. Les deux hommes ne peuvent s'empêcher de jeter des regards vers l'esplanade centrale, d'où risquent de surgir les gardes. Pas un mouvement… Encore dix… cinq… Ça y est ! Tout le monde a embarqué !

Lili Tager et Élisabeth Hirsch se trouvent à l'arrière du véhicule avec Rachel, Esther, ses trois sœurs et leurs camarades de Saint-Sauveur-de-Montagut. Charles, lui, s'installe à l'avant, à côté du chauffeur. Madeleine Barot et Hélène Lévy ont pris place dans le deuxième autocar avec Joseph Weill, Lotte Levy dans le troisième.

Une fois le premier autocar lancé sur la route, Claude Gutmann démarre à son tour.

L'abbé Alexandre Glasberg, Georges Garel et Jean-Marie Soutou les regardent s'éloigner. C'est du soulagement qu'ils ressentent. Voir s'éloigner les baraques sinistres est une victoire. Mais ce n'est que la deuxième étape du sauvetage.

Montée des Carmélites

6 heures.

Maintenant, les véhicules se faufilent dans les rues de Lyon. Par la fenêtre arrière, Lili observe ses amis dans la Citroën, quelques mètres derrière le car. Elle aperçoit le visage de Georges, assis sur la banquette arrière. Entre eux sont nés des sentiments qui éclatent maintenant dans son cœur. Leur combat commun pour les enfants de Vénissieux les remplit de force et d'espoir…

En centre-ville, la Citroën cesse de suivre les cars, quitte la direction de l'ancien couvent des Carmélites pour prendre celle de l'archevêché. Il faut rendre compte au cardinal Gerlier de l'avancement de l'opération. C'est sous sa protection que les choses se déroulent, même s'il n'est pas encore au courant de tous les détails de l'opération.

Les cars s'immobilisent au 10, montée des Carmélites, sur la colline de la Croix-Rousse. C'est au cœur du quartier des canuts, les ouvriers qui tissaient la soie au XIXe siècle. La colline a pendant des siècles été utilisée comme rempart aux oppresseurs, et sa topographie si particulière facilite les actions clandestines. Les fameuses traboules, ces passages piétons à travers les cours d'immeuble, permettent de circuler dans le quartier en évitant les rues. Le couvent des Carmélites est propice à la dispersion des enfants, car on peut entrer au niveau du jardin des plantes et ressortir du côté de la rue de Flesselles, plus à l'abri des regards.

Les enfants sont conduits dans une immense pièce, vestige de l'ancien couvent. Le confort est sommaire : les scouts ont étalé de la paille par terre. Mais les sauveteurs savent qu'il leur faut rapidement mettre les enfants à l'abri ailleurs, car le stratagème utilisé pour les faire sortir du camp va être découvert dans les heures qui viennent, et nul ne sait exactement comment les autorités de Vichy vont réagir…

Joseph Weill consulte son carnet, où sont consignés les noms et adresses de ceux qui ont accepté de prendre sous leur toit les protégés de l'OSE.

— Mes amis, annonce-t-il, je dois partir à Villeurbanne, du côté du stade des Iris. Nos contacts là-bas ont recruté de nouvelles familles d'accueil. Je serai de retour en fin de journée.

Silencieux, il avance entre les enfants allongés dans la paille et secoue la tête. Ces enfants sont épuisés, dépenaillés… S'ils sortent dans la rue comme cela, leur allure va les trahir. Pendant son absence, il faut trouver un moyen de leur faire faire un brin de toilette. Lili Tager et Élisabeth Hirsch vont s'en occuper. Il faut également veiller à ce que les plus petits gardent bien leur étiquette avec leur nom jusqu'à l'arrivée des familles d'accueil.

9 h 30.

Lili a trouvé un rideau de scène : il y a quelques mois, les acteurs en herbe de Jeune France ont répété des danses folkloriques. Grimpée sur un escabeau, elle accroche le rideau au plafond avec l'aide de Madeleine et d'un scout. Derrière cette séparation de fortune, à l'abri des regards, elle a installé un recoin pour les commodités : un pot de chambre, un récipient pour l'eau, un miroir.

10 heures.

Madeleine a réuni une vingtaine d'adolescents : ceux dont les parents n'ont laissé aucune adresse pour leur placement. En attendant de leur trouver un gîte durable, elle doit les conduire dans un campement en Haute-Loire, en les faisant passer pour des scouts en camp d'été. Là, dans la campagne, ils seront entourés de villageois bienveillants et passeront inaperçus. On apporte des uniformes aux filles et aux garçons, qui se changent en silence. Dans leur prétendu camp scout, ils seront ravitaillés de manière satisfaisante. Au moment de la rentrée des classes, une quinzaine de jours plus tard, tous auront trouvé un autre refuge.

Lotte Levy, affairée à aider encore les plus petits, dans son rôle d'assistante sociale qui lui vaut d'avoir la vie sauve, pense à la suite. Elle doit partir sans tarder… Lili capte son regard et se dirige vers elle.

— Que veux-tu faire ?

Elle n'hésite pas longtemps avant de répondre :

— Mes frères et sœurs sont à Lyon, je connais leur adresse, je peux les rejoindre.

Lili lui demande si elle a de l'argent. C'est le cas, sa mère lui a laissé un pécule.

— Vas-y, alors…

C'est ainsi que Lotte se retrouve en bas de la montée des Carmélites, un peu perdue. Une dame lui propose de la conduire jusqu'à l'arrêt du tram, avec lequel elle pourra rejoindre Villeurbanne. Et là, coup de théâtre : elle tombe sur un de ses frères !

Commencent alors six mois chaotiques, avant que tous deux ne trouvent faux papiers et abri sûr. Ce seront finalement des institutions religieuses – ouvertes entre-temps à la demande du cardinal Gerlier – qui les cacheront.

Les premières familles d'accueil franchissent la porte de l'ancien couvent.

Sylvain Lévy, la cinquantaine, un visage plein de bonté, est accompagné d'une jeune femme âgée de vingt-deux ans, sa fille aînée. Elle tient une poupée dans les bras. Ils viennent chercher Eva Stein. Sylvain Lévy est un homme connu des membres de l'OSE. Charcutier au 12, rue Servient, à Lyon, il livre régulièrement des colis de nourriture aux plus démunis. Sa fille aînée leur tricote des lainages.

Eva voudrait poser mille questions à propos de son père parti dans le bus pour la gare de Saint-Priest. Mais elle sent que ce n'est pas la peine d'en parler pour l'instant. Alors, elle saisit la sucette que lui tend la jeune femme, ainsi que la jolie poupée.

Joseph Weill est très attentif, affairé à vérifier que chaque placement corresponde bien aux consignes et aux vœux communiqués, parfois à la hâte, par les parents. Il importe de ne pas séparer les fratries, de tenir à jour la liste des lieux sûrs où les enfants rescapés pourront séjourner quelques jours, quelques semaines, en attendant un refuge plus définitif.

11 heures.

Horst Finder, qui a seize ans passés et dont la date de naissance a été modifiée pour qu'il puisse être autorisé à sortir avec l'Amitié chrétienne, est sous le choc de la séparation d'avec sa mère. Il reçoit des consignes sans vraiment les écouter, comme dans un état second. Il n'a pas dormi et la tête lui tourne face à ces bouleversements. Il ne s'est pas lavé depuis plusieurs jours et a une conscience douloureuse de son piètre état.

Le voilà qui marche seul dans la rue, lorsqu'il aperçoit un ecclésiastique. Automatiquement, il se dirige vers lui. L'homme lui parle très gentiment :

— Ne m'explique rien, mon grand, lui dit-il avec douceur. Essaie de me suivre, mais pas de trop près, car cela pourrait être dangereux pour toi comme pour moi. Quand le moteur de ma camionnette tournera, viens vite prendre place à côté de moi !

Le père Orbillot met quelques minutes à faire démarrer son gazogène, pendant lesquelles Horst bouillonne. Il est nerveux et saute dans le véhicule au premier toussotement. Dès qu'ils sont lancés, le père Orbillot lui explique qu'il va le conduire à Sainte-Foy-lès-Lyon, dans une communauté de frères maristes. Lui-même y est le père économe, celui qui s'occupe des finances. Au fur et à mesure que l'homme lui explique quel sera son futur cadre de vie, Horst s'apaise : il va être en sécurité entre les murs de ce couvent.

Avant de repartir à la tâche, Joseph Weill retient Georges Garel auprès de lui, et lui demande d'une voix calme et sereine :

— Dis-moi, accepterais-tu de prendre la direction du réseau clandestin de l'OSE ?

Georges répond d'un simple hochement de tête, sans même préciser qu'il est déjà pressenti à Combat, mouvement de Résistance créé par son ami intime Henri Frenay.

14 heures.

Il n'y a pas eu d'alerte, pas de coup de sifflet dans le couloir. L'équipe des scouts monte la garde. Tout le monde est sur le qui-vive. L'un d'entre eux, le jeune Lucien Lazare, n'en finit pas de faire des allers-retours à vélo pour accompagner des enfants chez leurs protecteurs.

Lili distribue des parts de gâteaux offerts par les mamans des scouts, mais aussi par les femmes qui viennent chercher les rescapés de Vénissieux. Elle s'agite en tous sens, trouve des bras pour ceux qui pleurent. Lorsque les plus petits parviennent à trouver le sommeil, ils sont vite dérangés par le départ de leurs camarades. La chaleur a rendu l'air irrespirable. À cause de la transpiration, la paille humide colle à la peau. Les enfants se grattent sans cesse le cuir chevelu, infestés par les poux.

Jean-Marie Soutou prévient qu'il faut préparer de toute urgence les quatre filles Fixler. Mais aussi la petite Denise Paluch, âgée de cinq ans et demi. Jean-Marie va d'abord conduire Denise non loin de là, au 10, rue Lanterne, dans le 1er arrondissement, où l'épouse du pasteur Roland de Pury viendra la récupérer pour l'emmener chez eux, montée de la Boucle, à Caluire. Les quatre filles Fixler, elles, seront confiées aux époux Iehle, à Feyzin : le mari, directeur des usines Lumière, est dans la Résistance.

Avant de quitter l'ancien couvent des Carmélites, Mela Bäcker, neuf ans et demi, n'en finit pas de vérifier la présence, sur ses lobes d'oreilles, des boucles que sa mère lui a confiées avant leur séparation dans la baraque de Vénissieux.

Sylvain Goldschmidt, le président de la synagogue du quai Tilsitt à Lyon, prend la valise de la petite fille. Il a été missionné par un ami de son père, Henri Schilli, rabbin de Montpellier, qui a également assumé la fonction d'aumônier de plusieurs camps d'internement. Mela salue ses protecteurs et s'en va avec ce monsieur impressionnant, qui va l'accompagner chez Marguerite Raphael. Celle-ci réside au 2, rue du Plat, à Lyon, pas très loin de là. Mela restera huit mois dans cette famille juive française, tout en étant scolarisée sous une fausse identité à la petite école Lamartine, dans le quartier des Jacobins, avant d'être cachée chez le directeur de cet établissement.

Mina Grobel, douze ans et demi, quitte le local de la montée des Carmélites en compagnie d'Hélène Lévy, de l'OSE. Elle part dans un endroit qu'elle connaît déjà, chez Félix Henri Jeantet, à Saint-Claude, dans le Jura. C'est là que travaillait son père comme diamantaire depuis son arrivée en France.

Plus tard, Mina sera prise en charge par la famille Schiari, qui habite au-dessus de l'ancien logement de ses parents. Elle y séjournera jusqu'à la fin de la guerre. Félix Jeantet assurera sa pension jusqu'à la Libération.

Hella Jeserski, onze ans et demi, se méfie. On lui fait signe de venir, mais elle reste figée, incapable de faire un mouvement. Quand elle voit les autres enfants la regarder avec envie, elle comprend qu'elle a de la chance de partir. Elle se résigne et accepte de prendre la main de son accompagnatrice.

Elle sera d'abord emmenée à Ruoms, en Ardèche, où elle a été arrêtée avec son père quelques jours plus tôt. Là, elle sera confiée à Mme Bernard, veuve, avant d'être envoyée en Suisse le 31 janvier 1943.

Diana Wolfowicz, huit ans et demi, se tient dans un coin, quand une dame s'approche d'elle. C'est Jeanne Rosenstiel, qui vient la chercher. Elle n'a pas eu d'enfants et s'est portée volontaire pour accueillir cette petite fille, qu'elle va protéger et chérir. Diana gardera toujours en mémoire son premier bain chez ses protecteurs, et le sentiment d'apaisement qu'elle en a ressenti, malgré la peine.

16 heures.

Lucien Nouet, tenancier du café Bellecour, à Lyon, se présente avec un magnifique berger allemand. Il est reçu par Élisabeth Hirsch. Cet ami des bêtes est un homme connu des équipes de l'OSE et de l'Amitié chrétienne. L'irruption de Mirza, avec sa fourrure et ses petits bonds de tendresse pour saluer les humains, égaie les enfants. Leur visage s'illumine. Un moment de détente inespéré dans cet après-midi où chacun est pris par le serrement au cœur des départs et l'angoisse de voir la police débarquer chaque fois que la porte claque. Lucien Nouet pose le petit Sylvain Rosenblatt, âgé de trois ans et demi, à califourchon sur le dos de Mirza. Docile, la chienne se laisse faire. Lucien Nouet n'a plus besoin de parlementer pour convaincre le petit de partir avec lui et Mirza, sa nouvelle amie. Dans l'appartement à côté du café, la chienne veillera sur lui.

Oscar (sept ans et demi) et Manfred (douze ans et demi) Furst s'apprêtent eux aussi à partir. Mais depuis que Mirza a quitté la pièce avec son maître, le petit Oscar ne parvient plus à retenir ses larmes. Marguerite Kohn, venue chercher les deux frères pour les emmener chez elle, se trouve impuissante devant ce nouveau drame pour le petit garçon. Elle a beau lui proposer des jouets et des friandises apportés dans sa besace, rien n'y fait. Maribel a peut-être la solution pour sécher ses larmes. Elle file dans la remise à côté. Là, sur l'étagère, elle trouve près de la réserve de café une boîte de lait. Elle verse un peu de son contenu dans une coupelle posée au sol, elle siffle et patiente. Et voilà qu'un chat se faufile dans la pièce en miaulant. Elle l'avait aperçu plus tôt, qui rôdait dans les couloirs. Maintenant, le chat s'approche avec prudence du butin convoité, il renifle la flaque de lait dans la coupelle et commence à la laper. Elle tend la main et saisit la boule de poils. Le chat se laisse faire : il n'est pas si sauvage. C'est une femelle. Maribel la blottit contre sa poitrine et retourne dans le dortoir auprès d'Oscar.

— Prends-le doucement dans tes bras.

À la vue du chat, Oscar cesse instantanément de pleurer. Il le caresse et le serre à son tour contre lui. Marguerite Kohn demande alors à Manfred, le frère aîné, de rassembler leurs affaires. Rachel, assise à côté dans la paille, demande :

— Dis, Oscar, tu me prêtes ton chat ? Moi aussi, j'aimerais le caresser.

Le chat accepte volontiers de se blottir dans les bras de la violoniste.

Marguerite se penche vers Oscar.

— Tu verras, j'ai cinq enfants à la maison. Tu vas bien t'amuser avec eux. On va te trouver un autre chat comme celui-ci, et que pour toi.

Elle laisse un grand sac rempli de gourmandises et de jouets pour les enfants. Lili propose à sa collègue Hélène Lévy d'organiser un goûter avec l'aide des scouts israélites.

Après les formalités dans le bureau de Joseph, les deux frères, Oscar et Manfred, franchissent la porte sous la conduite de Marguerite : en route pour leur nouvelle vie.

Le chat est obéissant et très coquin à la fois. Il semble comprendre que les enfants ont besoin de lui. Rachel le dépose dans les bras d'une jeune fille assise à côté d'elle : Léa Weichselbaum. Berthe, sa sœur jumelle, reçoit le petit animal à son tour. On dirait que le chat a compris qu'il aidait ces enfants en détresse, il se laisse volontiers manipuler, sans coups de griffes. Depuis leur arrivée dans l'ancien couvent, les jumelles n'ont cessé de vérifier sous leur chemisette le morceau de tissu sur lequel leur mère a écrit leur nom avant la séparation : Berthe regarde dans le cou de sa sœur et réciproquement. C'est comme une danse obsessionnelle. L'âme de leur mère est contenue dans ces trois centimètres carrés. Plus tôt dans la journée, leur grand frère Samuel a demandé à Joseph Weill de prévenir la famille Weisel, des amis de leurs parents, qui résident avec leur petite fille tout près de là, au 12, rue d'Algérie, dans le 1er arrondissement de Lyon.

Les époux Weisel se présentent pour les emmener chez eux, mais les jumelles refusent de partir sans leurs cousins, Hélène et Paul Spielman (douze ans et demi et neuf ans et demi). Joseph demande alors à l'un des scouts de conduire Hélène et Paul chez Marie-Louise et Léon Klein, Juifs français réfugiés de Paris et qui résident au 72, rue Trarieux, à Montchat, dans le 3e arrondissement de Lyon, actifs dans la Résistance.

Avant de partir avec sa sœur jumelle, Léa offre le petit chat à sa cousine Hélène. Hélène le remet à Paul, qui le dépose aux pieds du petit Émile Meisler (huit ans). Le garçon tremble de tous ses membres. Ses doigts rachitiques se perdent dans les poils de l'animal. Il n'a pas un seul cheveu sur la tête. Heureusement, sa nouvelle amie, Jolana Jung (douze ans et demi), l'aide pour manger, se laver, tenir un crayon pour écrire une carte postale à ses parents. Et maintenant, elle l'aide à s'habiller. Sarah, une jeune scoute, va les conduire à vélo chez le rabbin Brunschwig, domicilié non loin, dans un grand appartement, au 30, rue Montgolfier, dans le 6e arrondissement de Lyon. C'était le vœu des parents d'Émile et de Jolana dans cette terrible nuit d'abandon. Et il est à présent exaucé. Le rabbin, aumônier au camp de Vénissieux après l'avoir été au fort du Paillet, est un homme d'une grande bonté et féru de livres. Il ouvre sa maison aux démunis. Émile et Jolana passeront quelques semaines chez lui, avant de rejoindre le château des Morelles à Broût-Vernet, une des maisons d'accueil de l'OSE. Peu après, ils passeront clandestinement en Suisse.

Puis c'est au tour des trois sœurs Einhorn d'être placées : Bertha et Nelli, jumelles âgées de douze ans, et Antonia, six ans et demi. Elles seront d'abord cachées chez M. Loeb, au 7, rue Commandant-Dubois, dans le 3e arrondissement de Lyon, avant d'être conduites par Cläre Barwitzky à la pouponnière de l'association de l'Aide aux mères de Saint-Étienne que dirige Juliette Vidal, secondée par sa responsable lyonnaise, Marinette Guy.

D'autres départs s'enchaînent, imposant leur rituel. Des larmes, des étreintes. Malgré la brièveté de leur rencontre, ces enfants resteront liés par ce qu'ils ont vécu, par leur drame et leurs souvenirs communs de cette terrible nuit. Alors, ils se disent au revoir avec pudeur et intensité.

Au revoir aux deux sœurs Kuhn, Lucy (quatorze ans et demi) et Sonja (cinq ans et demi), ainsi qu'à leur cousine Ruth (dix-huit ans), dont la date de naissance a été truquée pour la sauver.

Au revoir à Helmut David Meyer (seize ans), à Werner Matzdorff (seize ans), à Heinz Schwartz (quinze ans) et à Herbert Weil (seize ans et demi) – tous retournent à la maison d'enfants de Beauvallon, près de Dieulefit, sous le patronage de Marguerite Soubeyran, grande figure de la Résistance. C'est Jean-Marie Serreau, ancien responsable de Jeune France, qui les y reconduit en train.

Au revoir à Jeanne (quatorze ans) et Isaac Fabrykant (douze ans), placés à la villa Marly dans la famille Morin.

Au revoir à Charles Jablonski (quatre ans), accueilli un court moment chez le pasteur Debû, dans le village du Poët-Laval.

Au revoir à Léah Wasfelner (treize ans), conduite chez le pasteur Bettex au Riou, dans la commune de Mazet, en Haute-Loire, puis au préventorium de la Bourghea, au Chambon-sur-Lignon, avant d'être confiée à la famille Vercueil à Trescléoux (Hautes-Alpes) sous le nom de Léoncie Varn.

Au revoir à Myriam (six ans et demi) et à Alex Zalcmann (cinq ans et demi), dont la maman, Reyla, sauvée du camp de Vénissieux, a été hospitalisée au Vinatier. Les deux petits rescapés sont conduits chez les époux Bascharah par « Marcassin », au lieu-dit le Colin, à Saint-Didier-au-Mont-d'Or, à Lyon, et confiés à Mme Tricoche. Puis envoyés à Villeurbanne, chez une vieille dame, avant de retourner vivre avec leur maman en Ardèche, d'abord à Largentière, puis à Vinezac.

Au revoir à Siegfried (dix ans) et Léon Dollman (huit ans et demi), cachés au château de Peyrins, dans la Drôme, sous une fausse identité. En 1943, les deux enfants seront placés à Valence, chez deux familles d'agriculteurs.

Au revoir à Rachel (treize ans et demi) et à Sophie Marcowicz (sept ans et demi), placées chez Mme veuve Bernard, 3, place du Pont, dans le 3e arrondissement de Lyon, par l'intermédiaire de M. Lehmann.

Au revoir au petit Jean Erdmann (deux ans). Il est confié quelques jours à un particulier dont on ne connaît ni l'identité ni l'adresse, avant de passer clandestinement en Suisse le 7 septembre 1942, pour rejoindre ses grands-parents maternels, alors citoyens suisses comme sa maman qui, elle, sera déportée de Vénissieux à Drancy, puis dans un camp de la mort.

Au revoir à Kurt (seize ans et demi), et à sa sœur Lili Hipzer (douze ans et demi), qui retourneront chez une tante domiciliée rue Hippolyte-Kahn, à Villeurbanne. À l'automne 1942, Lili sera mise à l'abri dans un pensionnat de sœurs à Lyon, dont on ne connaît pas le nom. Kurt, lui, rejoint un groupe de Résistance, Combat, ce qui lui vaudra d'être arrêté, conduit à la prison Montluc, puis déporté à Auschwitz, d'où il reviendra.

Au revoir à Jeannette Gorge (douze ans et demi), conduite chez la famille Harmel, boulevard Ambroise-Paré, dans le 8e arrondissement de Lyon, avec la petite Rosa Klein (douze ans).

Au revoir à Céline Leibowitz (six ans et demi), conduite chez M. Roussillon, domicilié au 32, rue Colin à Villeurbanne, pour une période d'au moins trois mois. Elle sera ensuite conduite au lieu-dit Chansaye à Poule-les-Écharmeaux (Rhône), l'un des centres d'accueil de l'abbé Glasberg, avant d'être confiée à sa mère, Estera, sauvée du camp de Vénissieux, car conduite à l'hôpital de l'Antiquaille pour une crise d'appendicite. Le 26 mai 1944, Céline passera illégalement en Suisse.

Au revoir à Rolf Noher, reconduit chez son oncle à Mantry, dans le Jura, avant de passer en Suisse le 19 décembre 1942.

22 heures.

Alors que plus de la moitié des enfants se trouvent à présent en sécurité dans leurs cachettes, Joseph Weill ne parvient pas à calmer son impatience. Charles Lederman tente de le rassurer.

— Les forces de la Résistance s'organisent pour aider au sauvetage de nos enfants, dit-il en tendant une feuille. Voici un tract que m'a confié un émissaire du commandant de gendarmerie Omer Flouquet.

La feuille passe de main en main et chacun en prend connaissance dans une lecture silencieuse : « Hommes de cœur, empêchez un crime abominable. Sauvez cent enfants israélites que l'on veut livrer aux bourreaux nazis… » La suite du texte est un appel vibrant à la conscience, dans l'espoir de provoquer un sursaut parmi la population.

Ce tract est distribué dans les rues de Lyon depuis le début de l'après-midi.

Beaucoup se rassemblent pour aider à sauver les enfants.

Tous espèrent que bientôt, grâce à ce tract, une grande partie de la population sera acquise à leur cause.

Joseph Weill barricade toutes les portes de l'ancien couvent. De l'autre côté, dans les couloirs, les scouts s'étendent sur de petites paillasses et montent la garde à tour de rôle. Le jour disparaît peu à peu, la menace d'une descente de police semble moins présente ; mais la nuit approche et, avec elle, les images de cauchemars.

L'opération de Justus

À l'autre bout de Lyon, une autre aventure se joue. Justus, qui a été conduit en ambulance à l'hôpital Édouard-Herriot, n'est pas au bout de ses peines. Pendant tout le trajet, il a continué à jouer son rôle de malade : il faut, pense-t-il, que les médecins, à l'hôpital, croient eux aussi à la péritonite.

Quand il franchit les portes de l'hôpital, il est épuisé de hurler. Les malades sont nombreux et le chirurgien manifestement pressé : il ausculte à peine Justus, et lui pose immédiatement un masque avec de l'éther, en lui expliquant qu'il va l'opérer sans plus tarder. Le point positif, c'est que Justus a à peine le temps de s'inquiéter qu'il dort déjà profondément !

À son réveil, l'inquiétude monte – en plus de la douleur. Il a vraiment été opéré, la cicatrice lui semble immense… Mais qu'a pensé le médecin en voyant qu'il n'avait rien en réalité ? Justus ne le saura jamais. Il gémit de douleur et on lui fait une piqûre, après laquelle il s'enfonce de nouveau dans le sommeil.

Quand il essaie de bouger, son stress fait un bond : il est attaché à son lit ! Il se démène comme un beau diable, mais les liens sont serrés. Son raffut alerte l'infirmière, qui s'exclame :

— Nous avons dû vous attacher, car vous avez tenté de vous enfuir !

Justus en a froid dans le dos : et s'il s'était trahi dans son délire postopératoire ?

La situation n'est pas très favorable : Justus est toujours prisonnier, et en plus, il est affublé d'une grande balafre sur le ventre qui le fait bien souffrir.

Que faire ?

L'infirmière semble prête à l'aider… C'est le seul espoir de Justus. Il va lui raconter son histoire, lui demander de contacter l'abbé Glasberg, et serrer les poings en espérant que les choses tournent bien. Premier objectif : se remettre au plus vite. Peut-être y aura-t-il un moyen de s'échapper de l'hôpital ?

30 août 1942

Où sont les enfants ?

9 heures.

Madeleine, son époux, René Faure, et Paulette Merland, du village de Saint-Sauveur-de-Montagut, à cent cinquante kilomètres de Lyon, patientent dans le bureau du docteur Joseph Weill, l'un des responsables de l'OSE. La veille, ils ont reçu la visite solidaire et amicale de gendarmes des Ollières, la commune voisine, venus pour les prévenir :

— L'opération de sauvetage des enfants prisonniers au camp de Vénissieux a réussi. Vous pouvez aller les chercher.

Cette information a ensuite été confirmée par un coup de fil d'Élisabeth Hirsch.

Le couple Faure et leur amie Paulette traversent la salle, scrutant les visages pour reconnaître les enfants qui ont vécu déjà plusieurs mois dans leur village. Le spectacle de ces petits qui réclament leurs parents en pleurant doucement leur brise le cœur… Quand ils s'arrêtent devant Anna et Jules Szrajbe, Hélène Raychmann et Jean Baumel, Paulette porte la main à sa bouche pour retenir un cri de stupeur affligée. En quelques jours, l'angoisse, la privation et les traumatismes de la séparation ont profondément affecté leur visage.

Rachel Berkowicz va partir avec eux, comme l'a demandé son père. Elle serre contre elle son étui à violon et leur emboîte le pas. Trouvant refuge chez les Merland, une famille protestante aisée du village, elle va y passer quelques mois réparateurs, avant que l'OSE lui permette de reprendre contact avec sa mère, retournée en Belgique.

13 h 45.

Lorsque l'abbé Glasberg franchit la porte de l'abri de la montée des Carmélites aux côtés de Jean-Marie Soutou, il reste une trentaine d'enfants.

Toute la troupe se réunit dans son bureau. Joseph Weill vient d'apprendre une mauvaise nouvelle, son état d'anxiété est extrême.

La veille au soir, le train des déportés de Vénissieux, placé sous la surveillance de Cussonac et de ses hommes, a été arrêté à Chalon-sur-Saône, comme prévu, pour effectuer le passage de la ligne de démarcation et confier l'escorte du convoi aux nazis. Les fonctionnaires de police ont fait état d'un nombre de déportés bien inférieur à leurs estimations, et se sont rendu compte qu'il n'y avait aucun enfant dans les wagons. René Bousquet en a aussitôt été informé et sa colère ne s'est pas fait attendre.

Chacun comprend que l'épreuve de force n'est pas loin. Ils sont désormais sur le fil du rasoir : le préfet Angeli est un homme dur et intransigeant, il ne recule devant rien pour exécuter les ordres. À Saint-Priest, au moment d'embarquer les déportés, il n'a pas hésité à faire partir Otto Steinberger, alors que le jeune homme, aveugle, aurait dû bénéficier d'une exemption.

Il s'est tout de même produit un miracle à la gare. Au moment de descendre du car, Gertrude Krauss s'est prestement cachée sous la banquette. Personne ne l'a vue faire et elle a pu, plus tard, en sortir discrètement. Mme Langlade, de l'Amitié chrétienne, l'a recueillie.

Gilbert Lesage est en première ligne, mais il n'a pas encore reçu de menaces du préfet Angeli. La police ignore où sont les enfants, où ils ont été cachés pendant ces deux jours. Ils sont censés être réunis sous sa responsabilité. Gilbert Lesage a engagé une course contre la montre pour tenir la cachette secrète, restant volontairement évasif et faisant savoir au préfet de Région qu'il tenait à sa disposition les enfants en lieu sûr, dans un local.

Mais le préfet ne se contente pas de ces paroles et se démène pour obtenir des informations. Il menace les uns et les autres. Il peut accuser de complot contre la sûreté de l'État, assigner à résidence, demander des démissions… Il exige une adresse pour le lendemain avant 14 heures.

— Et le cardinal Gerlier ? demande Joseph Weill. Quelles sont les nouvelles ? Il tient bon ?

Tous savent que, sans la protection du cardinal Gerlier, le sauvetage des enfants ne peut être maintenu. En haut lieu, espèrent-ils, personne n'osera s'attaquer au primat des Gaules, car il a le soutien du maréchal Pétain. Sont-ils vraiment à l'abri d'un brusque revirement de situation ?

L'abbé Glasberg se veut rassurant. Le père Chaillet se fait fort de convaincre le cardinal Gerlier de ne pas faire confiance aux promesses de Vichy, même si on lui garantit qu'il ne sera rien fait aux enfants. Il n'a jamais abandonné la lutte contre les persécutions des Juifs, ces crimes qu'il ressent aujourd'hui comme une blessure au plus profond de sa chair. Le primat des Gaules les protégera.

Mais il faut placer au plus vite les trente petits qui sont encore là…

16 heures.

Jean-Marie Soutou, le père Chaillet et l'abbé Glasberg se rendent à l'archevêché de Lyon, qui jouxte la majestueuse basilique Notre-Dame-de-Fourvière.

Les trois hommes franchissent la porte imposante de l'édifice et se dirigent au pas de course vers le bureau du cardinal Gerlier. Arrivés dans le vestibule du secrétaire, ils sont aussitôt conduits auprès du cardinal.

Les yeux vifs, quelques cheveux dépassant de sa calotte de couleur rouge, une croix en argent à son cou, le cardinal ne quitte pas des yeux son téléphone posé sur le bureau, à côté de la lampe, comme s'il attendait un appel de la plus haute importance.

Une sonnerie stridente du téléphone fait sursauter tout le monde. Le cardinal décroche.

— Ah, monsieur Angeli…

Tous se figent, oreille tendue.

Le préfet Angeli insiste encore pour que les enfants soient conduits à la gare, en prétextant qu'ils seront ensuite pris en charge. Le cardinal Gerlier fronce les sourcils. Le ton du préfet ne lui plaît vraiment pas. Il finit par déclarer sèchement :

— Monsieur le préfet, les familles m'ont confié la tutelle de leurs enfants, vous n'allez pas obliger un père à confier ses enfants à une autre autorité !

Le cardinal raccroche, abasourdi par l'opiniâtreté de son interlocuteur à vouloir déporter ces enfants, et bien décidé à rester campé sur sa position.

Soulagés par l'immensité de cette prise de décision du primat des Gaules, et d'un air entendu, les trois hommes remettent au cardinal Gerlier tous les actes de délégation de paternité signés par les parents. Ces papiers, hautement importants et symboliques, seront entre les mains de celui qui est le mieux placé pour protéger ces petits.

Le cardinal conclut l'entretien :

— Il faut que vous disparaissiez. En effet, le préfet ne peut rien contre moi, mais il ne faudrait pas qu'il essaie, par vous, de savoir où sont les enfants…

31 août 1942

Bras de fer

10 h 30.

En poussant la porte de l'ancien couvent, l'abbé Glasberg aperçoit quatre petits et, à leurs côtés, Lili, Madeleine Dreyfus, psychologue de l'Œuvre de secours aux enfants, Georges Garel et Charles Lederman. Il pensait trouver le lieu complètement vide, mais ce n'est malheureusement pas encore le cas.

Rachel Kaminker, Marcel Frenkel, sa sœur Myriam et Jean Stern sont au milieu du dortoir improvisé et l'angoisse se lit sur leur visage. Ils ont vu tous leurs camarades quitter les lieux, et se sentent d'autant plus perdus qu'ils ne comprennent pas ce qui se passe.

Il y a eu des contretemps, des ratés – peu nombreux, heureusement. Il faut mobiliser les dernières forces. Lili Tager appelle sa mère, qui se précipite et prend en charge Jean Stern. Elle va le convoyer jusqu'à Grenoble, vers une cache sûre.

Myriam, quatorze ans, pleure, son petit frère de neuf ans accroché à ses jupes. Il faudra toute la patience et la douceur de Mme Berheim pour lui faire sécher ses larmes. Elle va vite les emmener dans une famille lyonnaise, puis ils seront transférés dans une seconde avant d'être finalement cachés au château de Peyrins.

Rachel Kaminker, cinq ans, quitte enfin les lieux. Ils sont maintenant tous dispersés, enfin ! Les sauveteurs peuvent souffler pour quelques instants.

Madeleine Dreyfus reste seule dans l'ancien couvent, où résonne un silence impressionnant, après toute l'agitation qu'il a connue.

L'ultimatum du préfet Angeli arrive à son terme. Il compte faire monter les enfants dans un train en provenance de Nice. Bientôt, Gilbert Lesage sera contraint de donner l'adresse du 10, montée des Carmélites – où, de toute façon, les services de police risquent de remonter en menant l'enquête.

14 heures.

Une grande agitation règne devant le couvent. Les forces de police se positionnent devant la porte du 10 et s'apprêtent à donner l'assaut. Lorsqu'elles pénètrent dans le bâtiment, c'est pour trouver Madeleine Dreyfus, seule au milieu de la grande pièce qui abritait les enfants, un sourire goguenard aux lèvres. Devant les multiples questions que lui posent les policiers, son unique réponse est :

— Adressez-vous au cardinal Gerlier…

Évidemment, la police fonce aussitôt au siège de l'Amitié chrétienne, rue Constantine, mais elle fait aussi chou blanc.

Le père Chaillet est emmené entre deux fonctionnaires vers les locaux de la police. Il va devoir s'expliquer… Mais il reste obstinément sur la ligne qu'il s'est fixée : tant qu'il n'aura pas la certitude que les enfants ne seront pas déportés, il ne dira pas où ils se trouvent.

Dans les rues de la ville, un tract a été distribué :

Vous n'aurez pas les enfants

Sur ordre des Allemands, le préfet Angeli exige qu'on lui livre 160[1] *enfants juifs de deux à seize ans. Ces enfants ont été confiés au cardinal Gerlier par leurs parents, que Vichy a déjà livrés à Hitler. Le cardinal a déclaré au préfet :*

« Vous n'aurez pas les enfants. »

Le conflit est ouvert. Le conflit est public.

L'Église de France se dresse contre l'ignoble Tartarin raciste.

Français de toutes opinions, de toutes croyances, écoutez l'appel de vos consciences ! Ne laissez pas livrer des innocents aux bourreaux !

Les Mouvements de Résistance

---

1. Ils étaient en réalité 108. Les Mouvements de Résistance n'avaient pas connaissance du nombre exact d'enfants exfiltrés du camp de Vénissieux.

Dehors, une bicyclette…

À l'hôpital Édouard-Herriot, Justus se sent un peu mieux. Mais la situation n'est pas fameuse. Non seulement il a encore mal, mais en plus, ses vêtements ont disparu. S'il s'échappe en blouse blanche, on aura tôt fait de le repérer…

C'est alors que la chance lui sourit.

L'abbé Glasberg a été prévenu par l'infirmière et vient à son chevet. Sous couvert de lui apporter un réconfort spirituel, il lui explique comment les choses vont se dérouler : Justus trouvera dans une salle de bains un petit baluchon avec des vêtements. Une chemise, un short et des sandales, que le jeune homme va enfiler avant de retraverser au plus vite le dortoir. Dehors, une bicyclette l'attendra, qui lui permettra d'atteindre un local loué par l'Amitié chrétienne. Là, il pourra terminer sa convalescence, avant que l'on trouve une autre cachette pour lui.

Justus rétabli, la fuite continue. Une femme, Mme Lelièvre, vient le chercher.

— Nous allons prendre le train ensemble de Lyon à Valence, lui explique-t-elle. Si nous sommes contrôlés en cours de trajet, surtout, ne vous inquiétez pas. Je vous ferai passer pour mon neveu. Vous pourrez spécifier que vous êtes d'origine alsacienne par votre mère, ce qui justifiera votre accent.

Ils arrivent sans encombre au village de La Baume-Cornillane, dans la Drôme. Là, il est recueilli par Mme Sayn, une protestante très croyante.

Justus change de nom, devient Jean-Paul Guiton, et suit sa bienfaitrice au temple. Il intègre l'équipe de football et, pour la première fois depuis longtemps, respire un air de liberté.

Épilogue

Jusqu'à la fin de la guerre, la bataille acharnée du sauvetage se poursuivra dans la clandestinité. Grâce au courage des sauveteurs et des familles d'accueil, c'est en vain que la police de Vichy a continué des mois durant sa traque obsessionnelle. Cent cinq des cent huit enfants du camp de Vénissieux survivront jusqu'à la fin de la guerre ; trois des enfants seront repris, puis déportés et exterminés à Auschwitz : Margot Koppel[1], Maurice et Gabrielle Teitelbaum[2].

Parmi les actions déterminantes qu'il a menées, le cardinal Gerlier a rédigé un communiqué dénonçant la traque honteuse des Juifs, qui sera lu pendant l'homélie dans les églises de la région, le dimanche 6 septembre 1942.

---

1. Margot Koppel est arrêtée l'année de ses treize ans, au 11, rue Lamartine, à Mâcon, chez son grand-père, et déportée à Auschwitz le 30 juin 1944 par le convoi n° 76.

2. Gabrielle et Maurice Teitelbaum, quinze et treize ans lors du sauvetage de Vénissieux, avaient des petits frères et sœurs à Izieu, où quarante-quatre enfants seront arrêtés et déportés en avril 1944. C'est à la suite de cette arrestation qu'ils seront à leur tour repris, déportés et gazés.

Ce bras de fer entre le cardinal Gerlier et les autorités de Vichy retentit dans tout le pays. À tel point que, le 2 septembre, Pierre Laval a demandé au général SS Carl Oberg, chef supérieur des SS et de la police allemande en France, de ne plus formuler de nouvelles revendications sur la question juive, à cause de la résistance sans pareille de l'Église. Le chef de cette opposition antigouvernementale est en l'occurrence le cardinal Gerlier. Après l'occupation de la zone sud par les nazis, le danger redouble. La Gestapo de Lyon, dirigée par Werner Knab et Klaus Barbie, aidée par la Milice, poursuivra cette traque obsessionnelle, mais cette fois-ci contre tous les Juifs de France.

Ému par le sort de ces enfants, de ces familles anéanties, choqué par la brutalité de la police, le peuple français commence à perdre confiance dans le gouvernement de Vichy. Le sauvetage des enfants de Vénissieux et ses suites marquent un tournant dans la prise de conscience des Français à l'égard de leurs chefs politiques. Désormais, parmi la population, de plus en plus de femmes et d'hommes de cœur se portent au secours des Juifs.

Ce que sont devenus les sauveteurs

Le cardinal Gerlier est pris dans la tourmente. À la suite de la lecture de son communiqué dans les églises, il reçoit de nombreux remerciements. Sa prise de position est relayée à l'étranger. Le 12 septembre 1942, le journal *La Liberté* de Fribourg publie un article intitulé

« La noble attitude des évêques français ». Mais le cardinal est aussi la cible d'attaques virulentes, notamment de la part de l'hebdomadaire antisémite *Je suis partout*. Il demeure archevêque de Lyon jusqu'à sa mort, le 17 janvier 1965. Il a été reconnu Juste parmi les Nations à titre posthume le 15 juillet 1980.

À la demande du préfet Angeli, ivre de colère, le père Chaillet est assigné à résidence surveillée à l'hôpital psychiatrique de Privas, près de Lyon, le 2 septembre 1942. Depuis ce lieu, il poursuit son action de résistant en toute discrétion. Libéré en novembre de la même année, il se replie dans le village de Saint-Julien-de-Ratz, pour y continuer son action sous la fausse identité de Prosper Charlier. Plus tard, il installe son quartier général à Paris, et distribue *Témoignage chrétien* en zone nord. Puis il organise la naissance des *Courriers du Témoignage chrétien*, dans le but de toucher un public plus large. En février 1944, Pierre Chaillet est nommé président du COSOR (Comité des œuvres sociales des organisations de la Résistance), organisme créé sur les instructions des représentants en France du général de Gaulle et qui intègre l'Amitié chrétienne. Il conservera ce poste jusqu'à sa mort, le 27 avril 1972. Il reçoit la médaille des Justes parmi les Nations à titre posthume le 15 juillet 1981.

Malgré la menace, Jean-Marie Soutou continue d'œuvrer au sein de l'Amitié chrétienne jusqu'au 27 janvier 1943, date de son arrestation par la Gestapo en compagnie du père Chaillet. Conduit à l'hôtel Terminus, puis incarcéré à la prison Montluc, il est libéré le 16 février 1943, grâce à l'intervention du cardinal Gerlier. Pisté, il fuit Lyon et trouve refuge en Suisse avec son épouse, Maribel Semprún. Il représente les Mouvements unis de la Résistance (MUR), avant de devenir le délégué du commissariat à l'Information du gouvernement provisoire. Après la Libération, il entre dans le service diplomatique qui le conduit de Belgrade à Milan, puis à Moscou. De 1953 à 1954, il dirige le cabinet de Pierre Mendès France. De 1978 à 1983, alors à la retraite, il prend les fonctions de président de la Croix-Rouge française. Il a eu un fils, Georges-Henri. Le 23 mars 1994, le mémorial de Yad Vashem lui décerne le titre de Juste parmi les Nations. Il meurt le 10 septembre 2003.

Tout aussi inquiété par la police de Vichy, l'abbé Glasberg, lui, quitte Lyon dès la fin de l'année 1942. Il réapparaît sous l'identité d'Élie Corvin en Tarn-et-Garonne, comme curé d'une paroisse rurale, et continue son travail de résistance. Il diffuse dans la région *Les Cahiers du Témoignage chrétien*, participe aux opérations de réception des parachutages de la RAF, prend part au Comité de Libération de Tarn-et-Garonne, avant de retourner à Lyon. Après la guerre, l'abbé poursuit son action auprès des étrangers, et devient cofondateur de l'association France terre d'asile en 1971. Il collabore aussi avec le Mossad pour la migration des Juifs vers Israël. Il meurt le 22 mars 1981. Il reçoit la médaille des Justes parmi les Nations à titre posthume en 2004.

Dans son rapport adressé à René Bousquet le 1er septembre 1942, le préfct Angeli accuse Gilbert Lesage d'être à la tête de l'opération illégale du sauvetage des cent huit enfants. Le 8 avril 1944, Lesage est arrêté par la Gestapo et interné à la caserne des Tourelles, à Paris. Il échappe de peu à la déportation grâce à la libération de la France. Après la guerre, ses actions auprès des personnes déplacées et des réfugiés montrent qu'il n'a pas renoncé à son engagement. Il reçoit la médaille des Justes parmi les Nations le 14 janvier 1985. Il meurt le 7 novembre 1989.

Recherché par la Gestapo, Charles Lederman abandonne la direction de l'OSE à Lyon à la fin de l'année 1942. Son activité clandestine aboutit à la création de l'Union des Juifs pour la Résistance et l'entraide (UJRE). Il est également l'un des créateurs du Mouvement national contre le racisme (MNCR). Après la guerre, il reprend ses fonctions d'avocat et défend la cause des anticolonialistes. Il meurt le 26 septembre 1998. Il a eu deux filles.

Après la terrible nuit de Vénissieux, le docteur Joseph Weill entame la création immédiate d'un réseau clandestin de l'OSE. Il convainc Georges Garel d'en prendre la direction pour la zone sud, et le réseau porte désormais son nom. Soucieux du sort des enfants rescapés, Joseph Weill définit de nouveaux principes, et en priorité la nécessité de disperser les enfants juifs dans un milieu non juif, de leur attribuer une identité « aryenne », et d'assurer leur suivi par un personnel supposé non juif ou déclaré comme tel. Après la guerre, il reste un homme engagé. En 1948, il devient président du consistoire du Bas-Rhin. Il meurt le 11 mars 1988.

Au lendemain du sauvetage, Lili et Georges Garel s'installent dans le quartier des Brotteaux, dans le 6e arrondissement de Lyon. Le 15 juillet 1943, ils se marient à la mairie du 5e arrondissement, dans le quartier Saint-Jean. Les occupations clandestines de Georges (placement des enfants juifs dans des institutions ou chez des particuliers non juifs) pour le compte de l'Œuvre de secours aux enfants l'obligent à suspendre son action au sein du réseau Combat, que dirige son ami Henri Frenay. Georges voyage de ville en ville. Privée de sa présence pendant plusieurs semaines, Lili accepte un poste de secrétaire dans la même société que sa belle-sœur. Leur appartement devient un lieu de rendez-vous pour les collaborateurs de l'OSE, les réfugiés, les « sans-papiers ». Lili sera internée quelques semaines à la prison Montluc et libérée le 31 décembre 1943.

Renaud, leur fils aîné, naît le 8 juillet 1944. À la Libération, la famille Garel s'installe à Paris. Georges reprend son métier d'ingénieur. Lili, elle, conserve son activité au sein de l'OSE. Ils ont eu sept enfants.

Toute leur vie, ils ont été hantés par les cris des mères internées dans les baraques de Vénissieux, et soucieux du devenir des cent huit enfants. Georges meurt d'un infarctus le 9 janvier 1979. Lili le rejoint le 9 novembre 2013, à Paris.

Après le sauvetage cauchemardesque, Madeleine Barot participe au placement des enfants sauvés, et met sur pied des filières d'évasion en Suisse pour les

Juifs les plus menacés. La guerre terminée, elle reste très active à la Cimade, et multiplie les voyages entre Genève et Paris. De 1953 à sa retraite, en 1973, elle effectue également un important travail de recherche sur la place des femmes dans l'Église, au sein du Conseil œcuménique des Églises. En 1988, le mémorial de Yad Vashem lui décerne le titre de Juste parmi les Nations. Elle meurt le 28 décembre 1995 à Paris.

Élisabeth Hirsch, elle, démissionne de ses fonctions à l'OSE, à Lyon, à la fin de l'été 1942, et Madeleine Dreyfus, la psychologue, lui succède. Élisabeth poursuit la lutte : elle aide au placement des tout-petits en activant ses liens avec la pouponnière de l'association de l'Aide aux mères de Saint-Étienne, que dirige Juliette Vidal, secondée par sa responsable lyonnaise, Marinette Guy. Comme Élisabeth est recherchée par les Allemands, l'OSE lui demande de cesser son activité de passeuse pour la Suisse. Elle dirige alors la filière des enfants conduits en Israël par l'Espagne.

Claude Gutmann, commissaire scout israélite, a quitté Lyon pour s'installer à Nice et devenir le responsable de la Sixième section. Arrêté par la Gestapo en septembre 1943, il meurt en déportation.

Jean Adam continue également son action de sauveteur : sur ordre de la Résistance, il est affecté, quelques mois après la nuit de Vénissieux, comme médecin à l'office de placement allemand de Lyon, où il rend inaptes les réquisitionnés au Service du travail obligatoire (STO) mis en place au mois de février 1943.

Pour cela, il emploie la méthode déjà expérimentée au camp de Vénissieux : aidé par certains de ses collègues et les assistantes sociales, il établit de faux diagnostics de tuberculose, de syphilis, de dépression. Il appartient alors à l'organisation de Résistance de Noyautage des administrations publiques (NAP). Le 23 décembre 1943, il est tabassé et poignardé par des membres de la Milice (MNAT) qui considèrent les résistants comme des terroristes menaçant l'ordre de Vichy. Trouvé presque mourant, il survit à ses blessures. Une fois rétabli, il s'engage dans un maquis de l'Ain, où il exerce comme médecin. Il reprend ses études à la Libération, en pneumologie. Le 13 mai 1950, il épouse Christiane Circaud, avec laquelle il aura deux fils. Ironie de l'histoire, il est nommé médecin directeur de pneumologie de l'hôpital de… Vichy, en 1959. Il emménage dans cette ville avec sa famille. Atteint d'une sclérose en plaques en 1979, obligé de se déplacer en fauteuil roulant, il continue malgré tout d'exercer avec enthousiasme. Il meurt le 24 février 1990. Il n'a reçu aucune médaille.

Ce que sont devenus les enfants

Le vœu de Zelman, le père de Rachel Berkowicz, a été exaucé : sa fille est conduite au petit village de Saint-Sauveur-de-Montagut par les époux Faure et Paulette Merland avec ses camarades, Hélène Raychmann, Jean Baumel, Anna et Jules Szrajbe. Prévenue de cette libération, Chaja, sa mère, quitte Charleroi et parvient à retrouver sa fille, protégée chez la famille Merland, au prix de nombreuses péripéties. Elles vivent ensuite toutes les deux à Alba jusqu'à la fin de la guerre, avant de retourner en Belgique. En 1949, elles embarquent sur le *Negba* pour rejoindre Israël. Le 10 août 1952, Rachel épouse Wolff Rajzman. Durant toutes ces années, elle entreprend une foule de recherches pour retrouver son père, le grand amour de sa vie… Un jour, un témoin lui apprend qu'il l'a aperçu à Auschwitz. Elle peut alors commencer son deuil. Mais elle a toujours tenu sa promesse : elle a consacré le reste de sa vie à l'étude du violon, instrument qu'elle a enseigné à Nir Etzion. Docteure en acoustique, elle participe à la construction du nouvel opéra de Tel-Aviv en 2007.

Son fils aîné est mort pendant la première guerre du Liban. Ses deux autres enfants, ses douze petits-enfants et vingt-deux arrière-petits-enfants ont enterré Rachel, décédée le 13 octobre 2016 des suites d'une longue maladie. Elle a toujours conservé auprès d'elle le violon que son père lui avait offert avant l'exode et son précieux étui en bois.

Rachel a toujours gardé un grand amour pour sa famille d'accueil, les Merland. Elle raconte : « Dans le courant de 1944, je suis retournée à Alba avec ma mère, qui avait obtenu un petit travail de servante dans une famille chez qui nous avions pu louer une petite chambre. Et au cours de cette période, il m'est arrivé de retourner rendre visite à la famille Merland, qui me manquait, et cela me procurait beaucoup de bonheur de les revoir. Sauf une fois, où je suis partie folle de rage et remplie de jalousie, car ils avaient pris chez eux une autre petite fille, de Marseille, qui était de santé très fragile. »

Hélène Raychmann restera sa vie durant très attachée à Mme Rey, et sa petite-fille Jacqueline, qui l'a accueillie à Saint-Sauveur-de-Montagut après quelque temps passé chez les époux Faure. Elle vit aujourd'hui à Tel-Aviv, en Israël. Elle a trois enfants, neuf petits-enfants et plusieurs arrière-petits-fils. Ses deux parents ont été déportés par le convoi 27 du 2 septembre 1942, et sans doute gazés dès leur arrivée à Auschwitz.

Après son passage à l'ancien couvent des Carmélites, Anna Szrajbe retourne à Saint-Sauveur-de-Montagut. Elle est placée peu après dans la Drôme, chez les époux Tena, dont le mari est résistant. Son frère, Jules, est confié aux époux Merland, puis à la famille Frachon. À la fin de la guerre, Anna Szrajbe retrouve son frère Jules, passé en Suisse en 1945. Ses deux parents ont été déportés par le convoi 27 du 2 septembre 1942. Sa mère est morte gazée dès son arrivée à Auschwitz. Son père n'a pas survécu aux marches de la mort organisées par les nazis devant l'avancée des armées alliées, durant lesquelles les déportés mouraient de froid, de faim et d'épuisement. Cette nouvelle a été un choc pour elle, et pendant des années, elle est restée sans pouvoir parler de la guerre. Pour son frère, cette nouvelle a été un cataclysme, qui a fini de le briser. Anna a vécu en Israël. Elle a eu deux enfants, sept petits-enfants et des arrière-petits-enfants. Elle est morte le 19 mai 2019. Jules est resté en Belgique, où il a fondé une famille. Il a eu une fille, deux petits-enfants et plusieurs arrière-petits-enfants. Il est décédé le 3 janvier 2015.

Jean Baumel trouve d'abord refuge chez Paulette Merland et Marthe Royer, puis chez la famille Dejour à Prelle, un hameau de la montagne ardéchoise, situé dans la commune de Chalencon, à une quinzaine de kilomètres de Saint-Sauveur-de-Montagut, où il restera jusqu'à la fin de la guerre. La vie était dure, et pourtant, c'est de chez eux que Jean a gardé les meilleurs souvenirs. Il aime raconter quel fut son émerveillement d'être aussi bien accueilli par cette famille qui vivait dans une petite demeure si « pauvre ».

Mais au mois d'octobre 1944, l'OSE fait des démarches pour le récupérer et le place dans un internat. Pratiquement toutes les vacances scolaires, il s'arrange pour revenir à Prelle voir les époux Dejour et leurs enfants qui lui manquent tellement. Jean a perdu ses deux parents. Son père, Chil, parti de Drancy par le convoi 27 du 2 septembre 1942, est mort gazé à Auschwitz. Sa mère, Fajgla, est toujours portée disparue. Jean Baumel et sa femme, Claudine, vivent en France. Ils ont deux enfants et trois petits-enfants.

Sitôt les enfants placés dans l'ancien couvent des Carmélites, Lotte Levy retrouve son frère Herbert au centre-ville, assis près de la fontaine de la place des Terreaux. Lotte est placée chez les Petites Sœurs de la Sainte-Enfance, à Lyon. En 1944, les sœurs présentent Lotte aux époux Lagoutte pour qu'elle s'occupe de leurs enfants. Ils ignorent que Lotte est juive.

Pendant ces deux années, Lotte est connue sous la fausse identité d'Antoinette Vernay. Après la guerre, elle retourne quelque temps à Nyons avec ses parents, avant de commencer sa vie de jeune femme à Lyon. Elle n'aura pas d'enfants et occupera toute sa vie à aider les autres. Elle est décédée en 2013, à la maison de retraite des Petites Sœurs des pauvres, à la Croix-Rousse, dans le 4e arrondissement de Lyon.

Les quatre filles d'Eva Fixler, d'abord recueillies chez le pasteur Roland de Pury à Lyon, puis chez les époux Iehle, passent clandestinement en Suisse pour y retrouver leur père. La famille retourne en Belgique en 1945. Esther s'installera aux États-Unis avec son mari. Elle est aujourd'hui mère de trois enfants, grand-mère et arrière-grand-mère. Ses trois sœurs ont survécu à la guerre.

Dawia Binder, âgée de quatre ans et demi, et qui était au camp de Vénissieux avec sa grand-mère, est conduite chez Enoch Argaud, chef de bureau honoraire des services municipaux. Elle retrouve peu après sa maman, membre de l'Union des Juifs pour la Résistance et l'entraide (UJRE) de Charles Lederman, et qui n'avait pas été raflée le 26 août 1942. Ensuite, elle est à nouveau confiée à sa grand-mère maternelle. Après la guerre, Dawia poursuit son enfance et son adolescence à Paris. Après des études au conservatoire, elle sera altiste au sein du grand orchestre de Paris pendant trente ans.

Horst Joseph Finder s'est engagé dans la Résistance, puis dans la première armée française libre. Dans le courant de l'année 1946, après sa démobilisation, il revient au petit séminaire des missions d'Océanie des maristes de Sainte-Foy-lès-Lyon.

Dans le courant de l'année 1943, Marguerite Raphael a été dans l'obligation de se séparer de Mela Bäcker, car la situation était devenue dangereuse pour tous les Juifs de France. Elle est allée vivre chez les époux Janin, qui habitent dans une villa à Caluire, quai Clemenceau, et elle a été scolarisée sous une fausse identité au collège Ombrosa, grâce à la bienveillance d'Antoinette Richon, directrice de l'internat du Vernay-Ombrosa. Puis, lorsque la situation y est devenue trop dangereuse, Mela a été inscrite comme interne à l'école de Chazay-d'Azergues.

Rachel Kaminker, cachée chez la famille d'Angles, s'est beaucoup attachée à eux. À la fin de la guerre, son oncle la retrouve et propose de l'emmener avec lui en Belgique. Elle refuse de partir avec cet homme qu'elle ne connaît pas, et sa famille d'accueil s'y oppose aussi. Il faudra la réunion d'un conseil de famille, avec notamment l'instituteur de Rachel, son subrogé tuteur, pour que la demande de M. d'Angles et le souhait de la fillette soient écoutés. L'adoption est refusée, mais Rachel restera avec eux. Elle veillera celle qu'elle appelle sa maman jusqu'à son dernier souffle, en 1997.

Oscar et Manfred Furst ont franchi la porte de la montée des Carmélites avec Marguerite Kohn. Manfred ne restera pas longtemps dans cette famille d'accueil avec son frère, il retournera à la maison de l'OSE de Broût-Vernet (Allier), avant d'être placé comme pensionnaire dans une institution catholique au Chambon-sur-Lignon (Haute-Loire).

Le lendemain du 9 février 1943, jour de la rafle de la rue Sainte-Catherine, Mouloud Kohn est arrêté. Son épouse, Marguerite, quitte Lyon avec ses enfants et son petit protégé, Oscar, grâce à l'aide d'un ami de son mari, André Chouraqui, et se cache en Haute-Loire. Oscar partagera la vie clandestine de cette famille jusqu'à la fin de la guerre.

Diana Wolfowicz, recueillie par Jeanne et André Rosenstiel, connaîtra quelque temps de répit, avant d'être obligée de se cacher ailleurs. Les Juifs français étant dorénavant en danger, la famille Rosenstiel doit se cacher et accepter de se séparer de sa petite protégée. Diana est inscrite sous une fausse identité dans le pensionnat du Vernay-Ombrosa, sur les bords de Saône, à Caluire, grâce à l'assentiment de la directrice de l'établissement, Antoinette Richon. C'est toute cette chaîne de solidarité qui a permis d'assurer la protection de Diana jusqu'à la Libération.

Elle retournera vivre à Villeurbanne avec les époux Rosenstiel.

Jeanne Rosenstiel, ou Mimi, née Mitscher, alsacienne et cantatrice, née à Bâle en 1906, pour être venue montée des Carmélites pour sauver Diana, sera faite Juste parmi les Nations en 2002.

D'abord cachés dans une famille, Hélène et Paul Spielman trouvent ensuite refuge au château de Peyrins, dans la Drôme. On leur attribue un faux nom, et la directrice, Mme Chesneau, leur explique qu'ils ne peuvent pas garder leurs objets de culte, qu'ils conservaient jusqu'ici précieusement. Elle les enterre pour eux au pied d'un arbre, afin qu'ils les retrouvent à la fin de la guerre. En mars 1944, ils partent pour la Palestine.

Lucy, Sonja et Ruth Kuhn ont trouvé refuge à Nice. Dès le 10 septembre 1943, à la suite de l'armistice signé entre l'Italie et les Alliés, la Gestapo fait son entrée dans la ville et organise la traque des Juifs. Mais Lucy et Sonja vont rejoindre un convoi d'enfants qui partira de Nice pour Annecy le 12 octobre 1943. Leur passage en Suisse a lieu le 25 octobre 1943.

Rachel et Sophie Marcowicz sont placées chez Mme veuve Bernard à Lyon, puis Rachel devient pensionnaire de l'institution catholique Saint-Joseph, située 327, rue Garibaldi, dans le 3ᵉ arrondissement de Lyon. Au mois de décembre 1942, par l'entremise du pasteur Roland de Pury et de son contact à Nantua, Paulette Mercier, résistante protestante, Élisabeth Hirsch conduit Rachel dans l'Ain, pour la confier aux parents de Ruth Monney-Jaccard, Arthur et Wilhelmine, fermiers résistants suisses, qui ont déjà la responsabilité de sa sœur Sophie.

Rachel garde le souvenir d'une période assez tranquille, de journées merveilleuses ponctuées de pique-niques, des heures passées en plein air autour de cette ferme. Au début de l'été 1944, toutefois, Rachel a vécu une semaine d'angoisse, lorsqu'elle a dû se cacher dans les bois au passage des Allemands, avec sa sœur et au moins une autre petite fille de Vénissieux, Régine Zadjman. Après la Libération, Rachel a été un temps hébergée chez le pasteur de Pury comme aide de ménage, puis a contacté l'OSE pour obtenir la possibilité de faire des études. Elle deviendra infirmière, puis assistante sociale.

Le petit Jean Erdmann (deux ans) est confié quelques jours à un particulier, dont on ne connaît ni l'identité ni l'adresse, avant de passer clandestinement en Suisse le 7 septembre 1942, pour rejoindre ses grands-parents maternels, citoyens suisses. Tout le monde avait bon espoir que sa mère, de nationalité suisse et incompréhensiblement non libérée au camp de Vénissieux, le soit à Drancy. Elle sera déportée à Auschwitz.

Serge Goldberg, le fils de Maria, laissé à une nourrice dans l'Oise, est recueilli par les époux Rousseaux après la guerre. Sa tutrice, directrice d'école, l'éduque et lui redonne goût à la vie. Serge est aujourd'hui retraité dans le Var, après une carrière comme représentant de commerce dans le prêt-à-porter.

Eva Stein, la fille du compagnon de chambrée d'Erich Altmann à Vénissieux, vit aujourd'hui à Tel-Aviv. Son témoignage a été recueilli en octobre 2018. Après son sauvetage, elle retrouve en Suisse sa mère, Elfriede, sa petite sœur, Renata, et sa grand-mère. Et cela grâce au réseau de la filière de René Nodot, résistant. Julius Stein, le papa d'Eva, et Erich Altmann ont été compagnons de route dans les camps de la mort. Rescapé, Erich a tenu sa promesse : de retour à Lyon, il adresse une lettre à Mme Stein pour lui raconter l'histoire de son feu mari, comment il a péri dans un accident au camp de travail de Trzebinia, les deux jambes sectionnées.

Quelque temps après avoir été recueilli par Mme Sayn, dans le village de Baume-Cornillane, c'est par le biais d'une de ses connaissances du temps du réseau de Varian Fry que Justus Rosenberg entre dans la Résistance. Représentant en bottins téléphoniques, voilà une parfaite couverture pour faire du renseignement, et Justus appartient au réseau Gallia.

Après le débarquement en Provence, en août 1944, il prend les armes avec son réseau. Lorsque les Américains arrivent près de ses positions, il prend tout naturellement place à leurs côtés et combat avec eux. Portant leur uniforme, il les aide à se ravitailler chez les paysans, troquant les rations contre des produits frais.

Un jour, alors qu'il traîne un peu à parler avec un homme dans un village, ses coéquipiers repartent. Il court après la voiture, saute et prend place à l'arrière, alors que d'ordinaire sa place était à l'avant. Et là, le véhicule roule sur une mine. Le soldat qui a pris la place de Justus meurt sur le coup, et le chauffeur est grièvement blessé. Encore un miracle pour le jeune homme, qui s'en sort indemne.

Justus, en 1946, émigre aux États-Unis, grâce au concours d'un professeur rencontré à Paris, et obtient bientôt son doctorat de littérature comparée. À partir de 1962, il enseigne la littérature européenne à l'université de Bard College, au nord de New York. Il s'est marié tardivement, en 1987, et n'a jamais eu d'enfants. En 2017, il a été fait commandeur de la Légion d'honneur à New York.

Ses parents et sa sœur ont échappé à l'Holocauste et se sont installés en Israël après la guerre.

*
* *

La Libération a été vécue à la fois comme un soulagement et comme une nouvelle épreuve par les enfants sauvés. Ils ont été séparés des familles qui avaient pris soin d'eux et les avaient protégés, et ont vu anéanti, pour la plupart d'entre eux, leur espoir de retrouver leurs parents.

Des cent huit enfants sauvés au camp de Vénissieux, une infime minorité a eu la chance de retrouver ses deux parents ; beaucoup en ont perdu un, et la grande majorité les deux.

Au moment où je les ai rencontrés pour leur faire raconter leur histoire, à l'automne de leur vie, la douleur était toujours aussi vive. Tous expliquent l'impossibilité de parler. Esther Fixler, qui a retrouvé son père, confiait en 2013 : « Avec mon père, nous n'avons jamais vraiment reparlé de la guerre, ou de façon très anecdotique [...]. Nous n'avons jamais parlé franchement de maman. C'était un sujet tellement sacré qu'avec mes sœurs, nous avons préféré garder nos pensées comme dans un jardin secret. »

Jeannette Gorge, dans la petite chambre de sa maison de retraite, en 2013, a été littéralement incapable de formuler un son pour raconter son histoire face à la caméra. Alors, elle a sorti un papier et a lu le poème qu'elle avait écrit pour sa mère disparue à Auschwitz :

Ma petite maman
Viens ma petite maman
Regarde s'il est beau le temps
C'est aujourd'hui le printemps
Viens ma petite maman
Je viens d'avoir vingt ans
Regarde qui vient, c'est Vincent
C'est mon prince charmant
Ne pleure pas petite maman
Nous resterons avec toi tout le temps
Repose-toi à présent maman
Et pense au bon vieux temps
À ton prince charmant
Cela fait un bout de temps
Maintenant, tu as des petits-enfants
Voilà à nouveau le printemps
Et toi, tu es toujours la plus belle des mamans.

Postface

Devoir de mémoire

La première fois que j'ai entendu parler des enfants de Vénissieux, je commençais une année de master sous la direction de Jean-Dominique Durand, professeur à l'université Jean-Moulin-Lyon-III, et devais trouver un sujet d'étude. Mon intérêt se portait déjà sur la façon dont les enfants avaient traversé la Seconde Guerre mondiale.

C'est alors que, lors d'un entretien au bureau de l'association des Enfants cachés, j'ai entendu parler du château de Peyrins, dans la Drôme, dont les murs ont abrité des enfants. J'ai contacté le beau-fils de l'ancienne directrice qui, féru d'histoire, m'a proposé d'emblée de me faire visiter les lieux et de me montrer une archive très spéciale : le carnet des entrées et sorties des enfants recueillis pendant la guerre par la directrice, Germaine Chesneau.

Le destin m'a menée vers les enfants de Vénissieux, par un tout petit rien qui va orienter toute ma vie : mon regard a été attiré, dans cette liste de noms, par des petits coups de crayon ajoutés devant certains. Mon intuition m'a dit qu'il fallait peut-être voir là des indices, pour signifier qu'il s'agissait d'enfants sauvés d'un même endroit, le camp de Vénissieux. J'ai noté les noms. Et mon interlocuteur m'a suggéré de consulter les travaux de Serge Klarsfeld.

Le week-end suivant, je me suis rendue à une réunion de la Licra (Ligue internationale contre le racisme et l'antisémitisme) et j'ai entamé, de manière inopinée, une conversation avec mon voisin. Je lui ai raconté ma visite au château de Peyrins, et là encore, un hasard incroyable : mon voisin, René Nodot[1], était un ancien résistant chargé du Service social des étrangers, dont le chef était Gilbert Lesage. Il avait rassemblé dans un petit fascicule quelques documents ronéotypés sur le sauvetage des enfants du camp de Vénissieux, et il m'en a offert un exemplaire.

Cela a été le début de ma quête de plus de vingt-cinq ans.

Fait extraordinaire, René Nodot a aussi été le convoyeur de la petite Eva Stein, que j'ai retrouvée

---

1. René Nodot, ancien délégué départemental pour l'Ain et le Jura du Service social des étrangers, et résistant protestant connu pour s'être lancé sur les routes de l'Ain pour des opérations de sauvetage. À Bourg-en-Bresse, après une dramatique intervention à la préfecture, il empêche le départ en déportation de cinquante Juifs étrangers, arrêtés de nuit par la gendarmerie française. À Lons-le-Saunier, avec l'aide courageuse et efficace d'une assistante sociale juive, il cache une cinquantaine d'autres personnes libérées du camp de Noé, dans diverses institutions et maisons de retraite. Enfin, il assure le passage en Suisse de résistants particulièrement traqués par la Gestapo, de femmes et d'enfants juifs. René Nodot recevra la Légion d'honneur en 1957 et sera fait Juste parmi les Nations en 1974.

seulement au cours de l'été 2018 par l'intermédiaire de sa petite-fille, étudiante en psychologie à Amsterdam.

Je me suis donc lancée dans mes recherches de maîtrise et, lors d'une cérémonie à Collonges-sous-Salève, le 21 novembre 1993, j'ai rencontré Serge Klarsfeld, qui m'a dédicacé son ouvrage, *Le Calendrier de la persécution des Juifs en France : 1940-1944*, en ces termes : « Pour mademoiselle Valérie Perthuis, en espérant qu'elle retracera le sauvetage des enfants et la liste complète. » J'ai entre-temps fait la connaissance à Lyon de Gérard Gobitz, rescapé d'Auschwitz, et de Jean Lévy, ancien enfant caché rescapé de la Shoah, président du Crif (Conseil représentatif des institutions juives de France) pour la Région Rhône-Alpes. Leur travail m'a mise sur la voie de nouvelles pistes, alimentées par les recherches fondamentales de Serge Klarsfeld parues dès 1983 dans le tome I de *Vichy-Auschwitz*, consacré à l'année 1942. Émile Azoulay, premier adjoint au maire de Lyon, Michel Noir, et président de Rhône-Alpes Israël échanges, m'offrait son précieux soutien.

Le sort en était jeté : j'irais au bout de cette recherche ! J'ai tout d'abord rencontré deux enfants sauvés – Lotte Levy et Rachel Kaminker – et des sauveteurs qui avaient œuvré au camp de Vénissieux : Élisabeth Hirsch, Madeleine Barot, Charles Lederman, Lili Garel. J'ai eu aussi des conversations téléphoniques avec Jean-Marie Soutou. Chacun avait à cœur de me transmettre le plus d'éléments possible, et de me faire grandir. Leur humilité dans la façon de me parler de leur action m'a profondément marquée.

Entre 1993 et 1995, je suis parvenue à identifier quatre-vingt-dix des cent huit enfants de Vénissieux. La découverte d'une archive a toujours quelque chose de magique, comme un petit miracle qui permet de remonter le fil de l'histoire. La première liste de noms de quatre-vingt-treize enfants sauvés, ce trésor, je l'ai trouvée en 1994 à l'Alliance israélite universelle, grâce à un archiviste qui a accepté d'ouvrir un carton à un moment qui n'était pourtant pas propice, puisqu'il procédait au déménagement de leurs archives.

En 2003, j'ai découvert aux archives départementales du Rhône une preuve à conviction de ce sauvetage : les quatre-vingt-deux[1] actes de délégation de paternité à l'en-tête de l'Amitié chrétienne, et les soixante-treize rapports des auditions de police du tout premier sauveteur des enfants du camp de Vénissieux.

Et ainsi, au fil des années, j'ai remonté le temps, trouvé les noms, puis fait des recherches pour aller rendre visite à mes témoins, les enfants de Vénissieux. J'ai voyagé dans le monde, entre les États-Unis et Israël, pour les rencontrer, les filmer et recueillir leur parole. Chacun m'a raconté son histoire, a fait revivre sa famille, son monde d'avant la guerre. Des rencontres uniques qui m'ont passionnée et marquée à jamais…

C'est ainsi que j'ai reconstitué les heures tragiques du camp, le parcours des familles avant leur arrestation et après, le rôle des uns et des autres, au fil de mes découvertes aux archives et des entretiens avec les survivants.

En 2012, pour la commémoration du 70e anniversaire de la rafle, une plaque a été posée à Vénissieux sur

1. Un seul acte de délégation de paternité pour chaque fratrie.

la proposition de Serge Klarsfeld, en tant qu'historien spécialiste de la Shoah en France et président de l'association des Fils et filles des déportés juifs de France, et de Jean Lévy, son représentant pour la Région Rhône-Alpes :

À la mémoire, en hommage,

À toutes celles et tous ceux qui, à titre individuel et au nom d'associations caritatives, ont participé activement, du 26 au 29 août 1942, au sauvetage des 471 êtres humains, dont la totalité des 108 enfants et adolescents, sur 1 016 Juifs étrangers arrêtés en Rhône-Alpes et regroupés au camp de Vénissieux – sis en ce lieu – par l'État français de Vichy, destinés à être déportés puis assassinés parce que nés juifs, comme le furent 545[1] *adultes d'entre eux.*

La plupart des 471 rescapés de Vénissieux survécurent en échappant à la traque des nazis et de leurs complices.

Que le courage et la solidarité agissante des sauveteurs soient à jamais perpétués, sachant que ces mêmes valeurs furent aussi celles de la majorité des Français, assurant ainsi aux trois quarts des Juifs de France leur survie.

26 août 1942 – 26 août 2012

Ville de Vénissieux – Les fils et filles des déportés juifs de France

1. 476 d'entre eux ont été déportés de Drancy vers Auschwitz par le convoi 27, du 2 septembre 1942, et 58 sont partis par le convoi 30, du 9 septembre 1942. La plupart ont été gazés à leur arrivée.

2012 est aussi l'année où, sur les conseils pressants de Serge Klarsfeld, je me suis inscrite en thèse sous la direction de Laurent Douzou, professeur des universités à Sciences Po-Lyon. J'ai pu ainsi dépouiller encore des milliers de documents, dont les soixante-dix mille dossiers des étrangers aux archives départementales du Rhône, et enrichir mon travail de toutes ces nouvelles découvertes, tout en continuant de recueillir la précieuse parole des rescapés.

J'ai soutenu ma thèse en décembre 2017, devant un jury composé de spécialistes de renom : Laurent Douzou, Boris Cyrulnik, Danièle Voldman et, bien entendu, Serge Klarsfeld. Les mille six cents pages qui la composent ont été unanimement appréciées.

Ma dernière découverte en date enrichit encore une recherche qui a été passionnante de bout en bout, et qui doit se poursuivre. C'est par le biais de Joël Pham que j'ai été en contact avec Pham Van-Nahn, un Indochinois présent au camp de Vénissieux au moment de l'arrivée des Juifs étrangers raflés le 26 août 1942. Et cet homme, que j'ai pu interviewer, m'a confié ses archives : des photographies amateur du camp de Vénissieux, prises en 1941. Ce qui m'a permis de visualiser et de comprendre l'organisation du camp. Et puis, en continuant mon travail de recherche, j'ai été contactée, une nouvelle fois grâce à Joël Pham, par la petite-fille d'un ancien travailleur indochinois, Ngo-Trong, et j'ai identifié quatorze clichés exceptionnels pris à l'intérieur du camp de Vénissieux entre le 26 et le 29 août 1942.

Ces clichés, les seuls qui aient jamais été retrouvés d'internés dans un camp en France au moment des grandes rafles de l'été 1942, je ne peux les regarder sans une profonde émotion : voilà les dernières images de ces familles décimées, martyrisées et emportées par la folle cruauté des hommes, ou peut-être sauvées de l'enfer de la déportation. Les derniers moments de ces pères et de ces mères hagards, épouvantés par ce qui pourrait arriver à leurs enfants, et qui s'apprêtent à faire le sacrifice majeur de les laisser derrière eux pour leur permettre de vivre.

Il faut que cette histoire emblématique de Vénissieux soit connue, transmise, expliquée. Elle doit entrer dans toutes les maisons, dans toutes les écoles, pour donner du souffle aux jeunes, leur donner l'envie d'agir plutôt que de renoncer et de subir. C'est ma responsabilité d'historienne, mais c'est aussi notre responsabilité de citoyens français. La mémoire contre l'oubli et la barbarie. La grandeur d'un pays se mesure à la grandeur d'âme de son peuple. Les Français, en participant au sauvetage des trois quarts des Juifs de France, ont sauvé l'honneur du pays.

Le sauvetage de Vénissieux, sans équivalent en France dans l'histoire de la Shoah, m'a conduite, au fil de mes découvertes, aux figures héroïques de ces sauveteurs. Comment ont-ils pu sauver tant de vies humaines sans armes, de façon pacifique, en maquillant les pièces administratives des internés au sein de la commission de criblage ? Cette philosophie de l'héroïsme non violent, fondée sur des stratagèmes d'infiltration simples, fait écho à une pensée de Hannah Arendt découverte au cours de mes lectures : « Le bien doit être profond et radical. »

Ce que nous montre ce sauvetage est sans équivoque : la réunion de tous les talents humains peut rompre le mal et produire un monde meilleur. Puisse ce récit propager cette leçon de vie.

Ce travail de recherche m'a conduite à rencontrer cinq sauveteurs (Élisabeth Hirsch, Madeleine Barot, Jean-Marie Soutou, Charles Lederman et Lili Garel, devenue une amie), mais aussi à me lier avec de nombreux rescapés – des rencontres humaines déterminantes.

À ce jour, j'ai pu reconstituer le parcours de quatre-vingt-dix enfants sur les cent huit rescapés du camp de Vénissieux. J'ai recueilli le témoignage filmé de vingt-quatre d'entre eux.

Et voici les noms de ceux et celles – certains encore vivants – qui, en plus de ceux dont nous avons suivi le parcours dans ce récit, m'ont confié leur précieuse parole, que je salue ici, en témoignage de ma profonde gratitude. Par ordre alphabétique : Mela Bäcker, Dawia Binder, Léon Dollman, Jean Erdmann, Isaac Fabrykant, Marcel Frenkel, Oscar Furst, Jeannette Gorge, Lili et Kurt Hipzer, Rachel Kaminker, Sonja et Lucy Kuhn, Lotte Levy, Rachel Marcowicz, Werner Matzdorff, Émile Meisler, Helmut Meyer, Denise Paluch, Sylvain Rosenblatt, Hélène et Paul Spielman, Eva Stein, Jean Stern et Léah Wasfelner.

Enfin, en rencontrant des membres des familles qui ont accueilli ces enfants, j'ai mesuré, bouleversée, la force d'âme de ces femmes et de ces hommes de cœur.

Jean-Claude, le fils de Paulette Merland, qui a accueilli Rachel Berkowicz, m'a confié : « Nous étions trois garçons, c'est pour cela que je pense que maman avait choisi d'accueillir une petite fille. Elle avait toujours désiré une petite fille et n'en avait pas eu. J'avais vraiment l'impression que Rachel faisait partie de la famille. Pour moi, mes parents avaient adopté cette petite fille. Mon père faisait un peu partie des patriarches du village. Des hommes mûrs qui avaient connu la guerre – c'était une expérience qui comptait – et qui étaient très engagés dans l'Église réformée. Pour Rachel, mes parents avaient pris un engagement, ils étaient confiants grâce à la foi qu'ils avaient. C'était, je pense, un acte de Résistance. Le reflet de leur désir de sauver une vie. »

Cartes

Les différents camps de rassemblement et d'internement de Juifs en France cités dans l'ouvrage

La Région préfectorale de Lyon (août 1942)

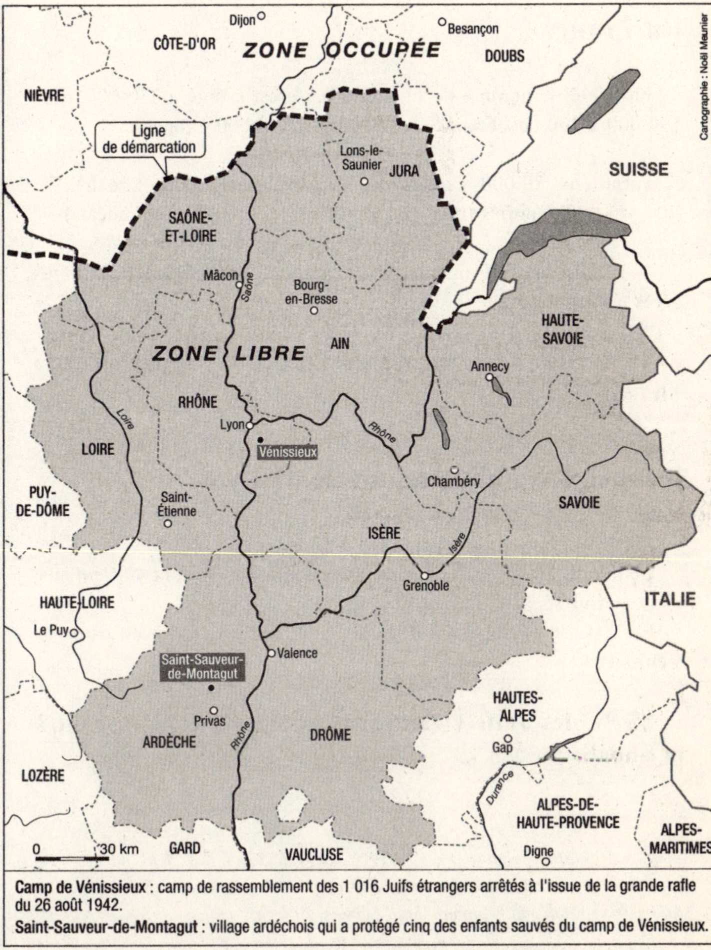

Camp de Vénissieux : camp de rassemblement des 1 016 Juifs étrangers arrêtés à l'issue de la grande rafle du 26 août 1942.

Saint-Sauveur-de-Montagut : village ardéchois qui a protégé cinq des enfants sauvés du camp de Vénissieux.

Bilan de la Shoah

En France

Fin 1940, le nombre de Juifs en France est estimé à 330 000, dont 190 000 à 200 000 Français et 130 000 à 140 000 étrangers.

Parmi eux, 80 000 – soit 25 % – seront victimes de la Shoah :
– 76 000 déportés (dont 66 % d'étrangers et 34 % de Français)
– 1 000 fusillés
– 3 000 morts de misère physiologique (surtout dans les camps gérés à Vichy)

75 % des Juifs vivant en France échapperont à la Shoah.

Dans la Région préfectorale de Lyon

Fin 1940, la Région compte entre 32 000 et 38 000 Juifs.

Le nombre total des victimes est évalué à 4 494, dont 418 enfants, soit environ 15 %.

En 1942, 860 Juifs sont déportés, dont 545 provenant du camp de Vénissieux.

85 % des Juifs vivant dans la Région échapperont à la Shoah.

Ces estimations reposent sur les recherches de Serge Klarsfeld, parues dans son ouvrage Le Calendrier de la persécution des Juifs de France. *Synthèse effectuée par son délégué régional, Jean Lévy.*

Remerciements

Je remercie du fond du cœur toute l'équipe de XO Éditions. Merci à Bernard Fixot et à Édith Leblond de leur confiance. Merci à Renaud Leblond, qui a initié ce projet de livre pour que cette histoire inédite soit connue du plus grand nombre. Merci à Caroline Sers, qui m'a prêté sa plume pour mettre en forme ce récit, à Christophe Duchatelet de son concours à la première phase du travail, et à Sarah Hirsch de sa relecture attentive.

Vous n'aurez pas les enfants est issu de ma thèse de doctorat d'histoire contemporaine, dont je tiens à remercier les membres du jury, Danièle Voldman, sa présidente, Serge Klarsfeld et Boris Cyrulnik, qui m'honorent aujourd'hui d'une préface. Je ne peux évoquer le nom des Klarsfeld sans penser à Beate, à son combat auprès de Serge, dont les nombreuses publications m'ont inspirée dans ma quête de vérité.

Laurent Douzou, mon directeur de thèse, également membre du jury, m'a accompagnée avec enthousiasme dans cette recherche de longue haleine.

Jean Lévy, ancien président du Crif régional, délégué régional des Fils et filles des déportés juifs de France, enfant caché, rescapé de la Shoah, demeure d'un grand soutien, tant il est exemplaire sur le terrain du combat contre l'oubli.

Dès les débuts de ma recherche, Émile Azoulay, personnalité lyonnaise très appréciée pour ses qualités humaines et disparue en 2018, s'est personnellement engagé pour me soutenir dans mes démarches.

Je salue également André Gerin, ancien maire de Vénissieux et député du Rhône, Guy Fisher, ancien vice-président du Sénat, Mme Michèle Picard, maire de Vénissieux, de l'accueil et de l'intérêt qu'ils ont toujours reservés à mes travaux de recherche.

Toute ma reconnaissance à mon ami Charles Salignat, cameraman, qui a réalisé les prises de témoignages filmés des enfants sauvés du camp de Vénissieux et d'un certain nombre de sauveteurs, en France comme à l'étranger.

Merci du fond du cœur à Céline Ngo-Trong, qui a bien voulu me confier les clichés incroyables du camp de Vénissieux pris entre le 26 et le 29 août 1942, retrouvés dans un album photo de son grand-père indochinois, par l'entremise de Joël Pham. Remerciements renouvelés à Pham Van-Nahn, ancien interprète au camp de Vénissieux, qui m'a offert une copie des clichés pris en 1941. Il est décédé le 11 septembre 2018, à l'âge de quatre-vingt-dix-huit ans.

Toute ma reconnaissance à Michel Bataillon, collaborateur de Roger Planchon et spécialiste du théâtre contemporain.

J'adresse également toute ma gratitude à celles et ceux qui m'ont aidée dans ma quête archivistique menée en France, Belgique, Suisse, Israël et aux États-Unis, pour traquer et découvrir des archives parfois inédites : à Bruno Galland, conservateur général du patrimoine, directeur des archives départementales du Rhône ; à Anne-Françoise Kowalewski, archiviste, et à tout le personnel des magasiniers ; à François Stevenin, chef de service des archives départementales de l'Ardèche ; à Philippe Landau, conservateur des archives du Consistoire à Paris ; au capitaine de gendarmerie Karine Perrissin-Faber, archiviste au service historique de la Défense ;

à Katy Hazan, responsable du service « Archives et Histoire » de l'OSE ; à Marie Lejeune, archiviste à la Direction générale des victimes de la guerre à Bruxelles ; à Filip Strubbe et Louis-Philippe Arnhem des Archives générales du royaume de Belgique ; à Christine Lauener, collaboratrice scientifique des Archives fédérales suisses ; à Irena Steinfeldt, directrice du département des Justes parmi les Nations à Jérusalem ; à Corinne Melloul, responsable du département des Justes parmi les Nations à Paris ; à Diane F. Afoumado, en charge du service des survivants à l'Holocauste au Memorial Museum à Washington ; et aux équipes des Archives nationales, du Centre de documentation juive contemporaine, du Mémorial de Caen, et de l'archevêché de Lyon.

Merci à Nick Lampert, petit-neveu de l'abbé Glasberg, de ses encouragements et ses marques de confiance. Il a notamment facilité mes démarches auprès de la fondation COS-Alexandre-Glasberg et de Raphaël Diaz, son directeur, que je remercie également.

Les témoins occupent bien sûr une place centrale dans cet ouvrage. Je tiens à remercier particulièrement toutes celles et tous ceux qui m'ont aidée à reconstituer le parcours de ces familles et l'histoire incroyable de ce sauvetage.

En premier lieu, les enfants sauvés devenus adultes et leurs sauveteurs.

Mais aussi les enfants des sauveteurs, qui ont eu beaucoup de choses à nous dire sur leurs parents, comme sur leurs souvenirs des moments passés avec les rescapés du camp de Vénissieux : Paul Dejour, le fils des sauveteurs de Jean Baumel ; Roland Frachon, le fils de ceux de Jules Szrajbe ; Jean-Claude Merland, le fils de ceux de Rachel Berkowicz ; Jacqueline Ranc, la petite-fille d'Hortense Rey, sauveteuse d'Hélène Raychmann ; Henriette Faure-Salier, la fille des sauveteurs d'Hélène Raychmann et des autres enfants de

Saint-Sauveur-de-Montagut ; François Marty, le fils du sauveteur de Denise Paluch ; Odette Millet, la petite-fille des sauveteurs de Mina Grobel ; Patrick Debû, le fils du sauveteur de Charles Jablonski, le pasteur Philippe Debû-Bridel, et de son épouse, Liliane ; Blaise de Pury, le fils du pasteur Roland de Pury, le premier sauveteur des quatre petites filles Fixler ; et enfin, Andrée Verceuil, la belle-fille des sauveteurs de Léah Wasfelner.

Je pense affectueusement aux proches des sauveteurs et des enfants sauvés, qui m'ont aidée sans relâche en me confiant des fonds photos, en m'apportant traductions, relectures, hébergements et autres marques de soutien.

À Aude Grégoire, la petite-fille de Joseph Weill ; à Christiane Adam, l'épouse de Jean, le jeune médecin sauveteur au camp de Vénissieux ; aux enfants de Lili Garel, et notamment à Nathalie et Annie ; à Georges-Henri, fils de Jean-Marie Soutou ; à Renée Tena, sauveteur d'Anna Szrajbe ; à Mme Faure-Salier et ses deux filles, Sylvie et Corinne ; à tous les membres de la famille du général de Saint-Vincent ; à Bénédicte Rochette de Lempdes ; à Alain Rochette ; à Pascale Chabert et à Véronique de Mas Latrie.

À Wolff Rajzman, époux de Rachel Berkowicz ; à Claudine Baumel, épouse de Jean Baumel ; à Béatrice Clerc-Dejour, petite-fille du sauveteur de Jean ; à son époux Thierry et à leurs enfants, Jade et Samuel ; à Noga et à Vered, les deux filles d'Hélène Raychmann ; à Dafana, l'une des filles d'Anna Szrajbe ; à Judith Revah, la cousine de Sylvain Rosenblatt ; et à son mari, Isaac ; à Alain Malafosse, le mari de Rachel Kaminker ; à Georges Ranc, l'époux de Jacqueline ; au mari de Mela Bäcker, Léon ; à André Chavanne, le mari de Diana Wolfowicz-Rosenstiel, et à leur fils, Jacques-André Chavanne ; à Maryvonne Chapuis, nièce d'Amédée Tena ; à Jean-Pierre et Nanou Noher, le frère et la sœur de Rolf Noher ; à Liana, Michal et Dorit, les trois filles de Régine

Zadjman ; à Josef Erlanger, le mari de Jolana Jung ; à Eva Szrajbe, l'épouse de Jules ; à Doron Limor, le cousin de Mina Grobel ; à Maryvonne Chapuis, nièce d'Amédée ; à Karl Nussbaum, le cousin d'Ida Nussbaum ; à Shaul Harel, le beau-frère d'Anna Szrajbe, et à son épouse, Dalia, ainsi qu'à sa fille, Tal Ziv, et à toute leur famille ; à Judith, la petite-fille d'Eva Stein ; à Lucien Lazare, historien ; à Dora Weinberger, membre du comité directeur de l'association Aloumin ; à Jacky Offen, traducteur pour le comité de Yad Vashem ; à Paul Mandel, fils de Szmul et Hélène Mandel, neveu d'Olga/Ophra Mandel-Baum, directeur de recherches émérite à Bruxelles au FNRS (Fonds national de la recherche scientifique) ; à Rachel Reubinoff, la fille de Nelli Einhorn, et à son amie Sharon Hammou, documentaliste, *visual researcher* ; à Paulette Pechere, la fille de Lucy Kuhn ; et à Sakina, l'épouse d'Horst Finder.

Je suis tout particulièrement reconnaissante à maman, Maryse Gebouen, et à mes beaux-parents, Denis et Marie Portheret, pour leur aide et leur soutien logistique.

Merci à mon mari, Mathias, et à mes chers enfants, Mathis, Oscar et Zoé, de leur ardeur à me laisser travailler et à toujours vouloir me questionner, ce qui m'a donné une foi immense pour ne jamais lâcher.

Une pensée émue pour Noëlle et Roger Gebouen, mes grands-parents maternels, Marthe et Ernest Doussot, mes arrière-grands-parents maternels, et tante Marguerite, Juste parmi les Nations.

Composé par Nord Compo
à Villeneuve-d'Ascq (Nord)

Imprimé en France par

MAURY IMPRIMEUR
à Malesherbes (Loiret)
en septembre 2021

Pocket - 92 avenue de France, 75013 PARIS

N° d'impression : 257031
Dépôt légal : septembre 2021
S31997/01